不倫の作法

Manners of adultery

さらだたまこ

牧野出版

はじめに

最初にお断りしておくが、この本は決して不倫の恋を奨励・推進しようという内容ではない。そもそも既婚者に恋をしても、成就する確率は極めて低い。しかも、不倫の恋は危険をはらんでいる。当事者ふたりだけの問題ではなく、好きになった相手の妻子を巻き込み、傷つけ、争いごとになると修羅場のあとは、愛も消えて、後悔と失意と憎しみだけが残るとしたら不幸以外の何ものでもない。さらに、世間に不倫の恋がさらされると、当事者は社会的な地位や信用を失い、名誉を回復するのが困難になるほど代償はあまりに大きい。

とはいえ、不倫の恋は消滅しないのである。むしろ、今の世の中、不倫に走るカップルは、増殖しているようにさえ思う。たとえばキャリアを持つ女性が、結婚はもう少しあとまわしでいいと考えている場合、恋愛対象の幅は広がり、そこに既婚者が含まれる確率は高くなる。あるいは大きな失恋をしたあとに、ぽっかり空いた心を埋めるのが、既婚者との恋だったり、不倫の恋が芽生える温床が絶えることはない。

私自身も、長い独身生活を振り返ると、流行の服を着替えるように次々と性懲りもなくかなわぬ恋に身をやつしてきた時期があった。戯れにすぎない愚かなこともしてきたので、お手本になるようなものではないのだが、不倫の恋を体験したことが人生の試練となり、私をタフな人間に鍛えてくれたことを思うと決して無駄ではなかったと思う。

そんな私の経験談が、今も、不倫の恋に悩み、切なくて、やるせなくて、苦しくて辛い状況からどうにか切り抜けて、この先に光を見出したいと願うあなたに、少しでも解決の糸口になればと思い、少しだけ大人になった目線で綴らせていただくことにした。

不倫の恋は、決して歓迎される恋ではないけれど、すべてがネガティブなことでない。ゆるぎなく愛を貫いたことで周囲の理解を得て成就した稀なケースもあるし、リスクを回避しながら静かに育まれた愛や、心ゆさぶる感動の物語も存在する。体験を快く語ってくれた女性達も登場するが、あなたを勇気づけ、傷ついた心を癒し、辛い気持ちをやわらげてくれるものと信じている。なにぶんプライバシーに関わることなので、すべて仮名にし、またデリケートな内容なだけに、人物の設定など少しアレンジして、取材対象者は誰かわからないように、細心の注意を払ったので、その点はご承知いただきたい。

不倫の恋の入り口に立ってこの先をどう進もうか迷っている人も、かなりの泥沼にはまっている人も、過去の恋を今は懐かしむ人も、不倫の恋に生きる女性達の心の内側を覗いてみたい人も、ぜひ、一緒に『不倫の作法』を読み解き、人を愛するとは何かを考えていただけたら幸いである。

不倫の作法　目次

不倫の作法　目次

第1章　始まりの作法

第2章

継続の作法

第3章

葛藤の作法

第4章 終わりの作法

不倫の作法

第1章

始まりの作法

恋の始まりは、熱にうかれて
あとさきが見えなくなってしまうもの。
でも、この恋は、不倫の恋。
アクセルを踏む前に、この恋に賭ける
本気度と覚悟を、しっかり確かめたい。

その恋に覚悟はあるか？

不倫の恋にまず必要なのは〝覚悟〟だ。

本来、付き合ってはいけない相手に恋をし、社会通念に反する恋だとしても、いつわりのない気持ちで、真剣に愛を育むという覚悟だ。相当タフで、ちょっとやそっとではビクともしないことが求められる。

最初の覚悟は、男女の関係を持つときにやってくる。一線を越えたら、もう後戻りはできないから、生半可な気持ちでは越えられない。

不倫の恋でなくとも肉体関係を結ぶ前には、誰しもためらう。関係を持ったばかりに、かえって気まずいムードになり、その後会いづらくなってしまうこともある。まして、相手が既婚者であれば、ずっと〝お友達〟でいた方がいいのではないかという気持ちが、つのる恋心にブレーキをかける。

しかし、恋する気持ちに、ブレーキがきかないこともある。打ち消しても打ち消しても、熱い思いがこみ上げてきたら、いっそアクセルを思い切って踏み込んで、先に進めばいい。

ただし、決して流されることのない、自分の強い意思を伴って。

三十歳が近づいてきたころ、私はある勉強会で知り合って話がはずんだ男性に一目惚れをした。話題は、そのとき私がテレビ番組の企画のためにリサーチしていた内容に及び、彼はその分野の専門知識に長《た》けた人だと知ったので、また話を聞かせてほしいということで、連絡先を交換した。

翌週には再び会って話を聞くことができた。彼の見識の深さや、洞察力に感心し、また温和で優しい性格に、きらりと光るユーモアセンスもそなわっていて、ますます私の心は奪われていった。

けれども、その人には妻子がいた。私とはひと回り以上も年齢が離れていたので、好きだという気持ちを何とか打ち消そうとしたが、こみ上げる思いはつのるばかりだった。

そのころ、読んだ雑誌のインタビュー記事に、とある女優さんが、「好きでたまらなかった男性に〈もう一度だけデートしてください〉と言って、デートしてもらったら気持ちがスッキリ整理できた」と答えていたので、その記事に背中を押されて、私も彼に「もう一度会ってください」と連絡を入れた。もちろん、取材の続きであることを口実に。

すると、ゆっくり話す時間があった方がいいからと、夕食でもしながらどうかと誘われた。

思わず、心の中でガッツポーズをした。そして私は覚悟を決めた。自分から積極的にアプローチしているのはあきらかで、それを彼は拒まず受け止めてくれたのだ。私の抱いた恋心を相手も感じているという確信はあった。だから、夕食のあとにどんな展開になっても対応できるように〝勝負下着〟もしっかり着けて挑んだ。とにかく、彼を好きだという気持ちがどこまで本物か、彼に会ってとことん、確かめてみたかったからだ。

もう十代の少女ではない。たくさん恋をし、失恋もしてきたから、痛い目にあうことにも免疫はあった。一方で、既に、大人ぶった勢いで妻子ある男性と付き合って後味の悪い経験もしていたので、同じ失敗はしたくないととまどう気持ちも強かった。とはいえ、雑誌で読んだ女優インタビューの〝スッキリした〟気持ちを私も味わってみたかった。彼に対しては、たとえ既婚者であっても、今まで経験したことがない、どうしようもなく好きな気持ちが突き上げてくるから、前進するしかなかったのだ。

しかし、二度目のデートでも彼は紳士だった。食事が終わって、お酒を飲みに場所を変え、ふたりの距離は縮まっていくように見えたけれど、期待するような展開はなく、ちょっと拍子抜けしてしまった。やはり既婚者の彼は危険な恋に足を踏み入れる気はなく、良きお友達で終わらせようとしているのかなとあきらめたとき、思いがけなく彼はこう切り出した。

「次は旅行に行く？」

えっ？　と目を丸ませている私に「明日の都合はどうか」と訊く。「明日なんて急すぎる。仕事だってあるし……」と答えると、彼は笑って「遠くじゃないよ。七時に赤坂で待ち合わせはどう？　君がまだ知らない旅先は、この東京にだってあるでしょ？」と言ったのだ。

私は即座に「はい」と答えた。

ふたりの初めての〝旅行〟は、赤坂見附のホテルだった。部屋に入ると、テーブルには花が飾られ、冷えたワインクーラーからシャンパンのボトルネックがのぞいていた。用意された白く大きな四角い箱を開けると、そこには〝お洒落な〟ホテルメイドのオードブルやサンドイッチが入っていた。窓外に広がる東京の夜景を楽しみながらの、思いがけないピクニック気分だった。

彼が私に向ける眼差しは、これまで付き合った男性達とは違う温かさを感じた。何度も失恋してきたけれど、それはこの男性《ひと》に会うための試練だったのかと思えば嬉しくなった。そして、私達は不倫の恋の扉を開けた。

好きな人とひとつになったとき、それは幸せだけの瞬間だった。ところが、ここでまた、覚悟を決めるときがきた。

「これからも、僕たちは会う？」

と、彼はこの関係を続けていくかというニュアンスで訊いてきた。

一度は扉を開けたが、元に戻ってこれ以上の深入りはしないという選択と、片や、開けてしまった扉の中にとどまる選択と、どちらかを選ばなければならない。このまま二度と会えなくなるのは辛いが、関係を続ける方が格段に重く、さらなる覚悟がいると思った。

それでも、私はイエスといった。

三十年近く生きてきて、誰よりもこの男性が好きだと確信したからだ。この恋を貫きたいと心から思った。この先に何があるわけでもない。相手には妻子があり、彼はその家庭を大切に守っている。私と恋はしても、彼は家庭を捨てないだろう。私が幼いころから夢見ていた平凡な家庭を彼と築くことは、この先も望めないのだ。

それでも、自分の気持ちにいつわらず、正直に、私は不倫の恋に生きようと心に決めた。

不倫の恋は、覚悟で固めた恋だといえる。それは、男も女も双方が互いを信じて、この恋を貫こうとする強い気持ちがなければならない。こちらにいくら覚悟があっても、相手にないようならば、この恋を続けるべきではない。

自分の都合のいいときだけ、連絡してくるとか、自分の感情だけで会いたがるとか、こちらの気持ちを汲んでくれない相手は要注意だ。都合が悪くなると、家庭の事情を持ち出して、逃げ腰になる男などは、不倫の恋の相手にふさわしくない。

もちろん、既婚者は背負っているものがたくさんある。それを承知の上で、この恋に真摯に向かい合い、誠意を込めてふたりの愛を育もうとするならば、この恋を続けていけるだろう。

この恋のプロセスでは、何か問題が起きる度に覚悟は試される。問題が起きなくても、折に触れての確認は必要だ。最初は確かなものだったとしても、次第にぶれてきたら、もうこの恋に期待すべきではないし、潔くこの恋を〝終わらせる覚悟〟も必要なのだ。

赤坂に〝旅行〟した夜から始まった彼との恋で、私は人間としても成長した。彼が得意とするある分野の専門知識を、私も学ぶことで、その背景にある文化と歴史に触れ、またそれが幅広い人間性を育むことを知った。恋愛のエネルギーは、思ってもいなかった成果をもたらしてくれた。

この恋の扉を開けたことで、私にはわくわくすることがたくさんみつかったから、ずっと長く続けていく覚悟を固めていた。それでも、どんなに愛しても、彼には帰るべき家庭があることには変わりなく、それを見送る辛さを私ひとりでは抱えきれないときがやってきた。

それは、都心のマンション住まいだった彼が、郊外の町に土地付きの戸建てを新築したと知ったときだった。四十代半ばの男性が、終の棲家を購入することは当然のことだろうし、私にそれをはばむ権利はない。だが、私の頬には虚しい涙が流れ、たったひとりで泣いた。

出会ったころから季節は二巡し、相変わらず、仲良くデートも楽しみ、私達の付き合い方は表面上何ら変わるということはなかったが、私の気持ちから覚悟が消えてしまったのだ。

そのとき、私はまだ、三十歳になったばかりだった。まだこれからたくさんの可能性があるから、新しい恋をしようと気持ちを切り替えた。それ以降、恋心に揺れると、都度、その恋に覚悟が持てるかを己に問うた。もし、ないとわかったら、深入りする前に即座に潔く身を引くようになった。

不倫の恋は、「出来心で」とか「お遊び」でするものではない。最初から「どうせ別れるはずの、一過性の、大人の恋の通過儀礼体験」だとはとらえないでほしい。結果として短い期間で終わったとしても、どれだけ真摯に、純粋な愛を育くむことができたかが、大切なのだと思う。

彼とデートを重ねた赤坂見附の白いホテルは、二〇一二年に、特殊な工法で解体され、だんだんペシャンコになっていった。その姿を見ながら、消えゆく恋の思い出にどうしようもない淋しさを感じたが、跡地にできた堅牢な新しいビルは、再び「覚悟」の文字を思い起こさせ、不倫の恋に生きる私達にエールを送ってくれているように思えるのである。

秘密は固く守るのではなくスマートに守る

不倫の恋を始める覚悟ができたら、次に必要なのは、「秘密の守り方」である。この恋に生きる者は、常日ごろの言動や行動には、細心の注意を払い続けていかなければならない。

特に、不倫の恋の相手が同じ職場の人間であれば、一層の注意が必要だ。

周りは思った以上に他人の行動を見ている。特に「誰と誰が怪しい、できているのではなかろうか」と勘ぐると、証拠を探すように、よく観察するものなのだ。

たいてい、怪しいふたりは急によそよそしくなったり、やたら仰々しく敬語だけで話すようになったり、それでいて、彼女の目はいつも彼の姿を追っていたり、ふたりが熱い眼差しを交わす瞬間があったり——あるいは、ふたりが何かもめ事を抱えているときに、ふたりだけの世界でしか通じないようなわがまま発言が、ふとしたすきにみんなが見ている前で飛び出すこともある。こんなことがいくつも続けば、やはり「あのふたりは怪しい」と噂になる。

職場は怖い。勘ぐられないようにするには、付き合う以前とまったく変わりないスタンスでふたりが接することである。自分達はこれまでどういう形で接してきたか、ふたりでよくおさらいをして、話し合って、これまでと変わりなくずっと振る舞うべきである。同僚との飲み会の席で、誰かが上司の悪口を言い出したときに、たとえその上司が愛しい恋人であっても、みんなと同調しておくことだ。ムキになって反論したり、彼を弁護したりなど、目立つ言動はつつしみたい。

もし仮に「あの○○課長って、意外に遊び人で、秘書課のA子に迫ったことがあるらしい」……のような、心穏やかではいられなくなる話題が突如飛び出しても、決して動揺してはならない。なぜなら、その噂はまったく根拠のないデマで、あなたを試すために仕掛けられた〝カマかけ〟かもしれないからだ。挑発には乗ってはいけない。どんな話題が出ても顔色変えずに、平然としてニコニコ笑っているくらいの態度で押し通したい。

しかし、落とし穴はいくらでもある。こと「絶対に誰にも言わない」と約束してくれる口の堅い（はずの）職場の親友に、気を許してはならない。誰かに打ち明けてしまった瞬間に、秘密は秘密でなくなる。「絶対に誰にも言わないはず」と信頼していても、秘密は噂に形を変えて、またたく間に世間に知られてしまうのだ。

まずは、秘密を守ろう。秘密の恋であるがゆえに、ふたりの愛は一層深まるということもある。緊張感がある一方で相手を思いやる優しい心に満ちて、いつまでもスマートな男女関係を保つこともできるのだから。

もし、タガが外れて、他人に口外したそのほころびから、せっかく育んだふたりの愛がこぼれ落ちていくかと思うと、なんともくやしいではないか。

とはいえ、現実問題として、まったく第三者に知られずに不倫の恋を全うすることは、不可能に近い。

食事をしたり、映画を観たり、観劇したり、スポーツ観戦したり、美術館に行ったり、不倫カップルだって普通にデートをする。待ち合わせに使ういつものバーや、贔屓《ひいき》のカウンター割烹にも人目はある。あからさまに親密な態度は取らないだろうけれど、愛を育むふたりの恋愛オーラは隠せない。

繁華街から離れた隠れ家のようなビストロは、私と彼とのデートスポットだった。気に入って通い詰めるうちに常連になった。店主夫妻や、顔見知りになった他の客とも会話するくらいだんだんと打ち解けた。もっとも、「私たちはワケアリで」などと明かす必要もなく、普通のカップルとして、ごく普通に振る舞っていた。

だが、私たちの恋が終わると、そのビストロからも足が遠のいていった。

それから何年も経った後、取材で知り合ったワインインポーターが主催の試飲会に参加したら、ビストロの店主夫妻と偶然再会した。そのときマダムから「お久しぶりですね。旦那様はお元気？」と問われて、うろたえた私は、「えっと、あー、はい、なんと……」と、しどろもどろな返事をしてしまったのだ。しかも、その会話を耳にしたインポーターの広報担当女子に、「え？　たまこさんて独身じゃなかったの」と追い打ちをかけられ、またまたギクッと顔が引きつり、みっともなくあたふたしたので、私も、つくづく修業が足りないなあ、と反省した次第だった。

彼と別れてからずいぶん時間も経っていたので、油断していたのだが、こんなシチュエーションにあっては、いつ何時でもスマートにかわせたらと思う。「旦那様はお元気？」と訊かれたら「はい、元気にしてます」とさらりと答え、「独身じゃなかったの？」と訊かれたらにっこり微笑んでウインクするくらいの余裕がほしい。しかも、多くは語らずの姿勢が大事だ。

ある程度年齢がいった女性が、一見独身に見えても「実は彼氏がいる」とか「籍は入れていないがパートナーと一緒に住んでいる」という情報があっても特段驚くべきことではない。しかも、ありふれた情報の中に埋もれて忘れ去られてしまう程度のことだ。

なのに、妙に慌てふためいたり、あいまいな受け答えをすると、それが余計な詮索のきっかけになってしまう。正直者はつい、真相を告げたくなる思いに駆られてしまうだろうが、そこは絶対に気を許さずにぎゅっと唇を結ぼう。偶然に再会しただけの旧い知人や、仕事でしか滅多に会わない知人にプライバシーの詳細を語る必要などないからだ。

しかしながら、親しい友人達が恋の話《コイバナ》に花を咲かせるときに、まったく何も語らないというのもしんどいことだ。みんなが恋人の話をしたり、意中の男性の話をしているときにただ頷いて聞き役ばかりにも徹してはいられないだろう。

「彼氏いないの？」といった質問にどう答えるべきか――賢明なのは、不倫の恋の匂いをまったくさせずに、恋人の存在をほのめかしておくことだ。ほのめかすということは、とても大事なポイントである。

たとえば、付き合っている彼氏はどんな人かと訊かれたら、〈事務職のサラリーマンなんですけど、スポーツが趣味で、いつも日焼けしていてたくましい〉というようなちょっとだけ彼氏の輪郭がイメージできる程度に匂わすことだ。そして知り合ったきっかけは〈知人宅のバーベキューパーティ〉で紹介された、〈知人の幼なじみ〉などという、職場からはほど遠い人間関係がきっかけであることをさりげなく強調しておくと、根ほり葉ほり聞かれずにすむ予防線となる。

では、「結婚しないのか」という質問をどうクリアするか——若いうちなら、もう少し仕事を頑張りたいとか、いろいろな理由も考えつくが、三十歳を過ぎ、結婚願望が強い女性が、なぜか結婚を急がなくなったりするとその理由を詮索されがちだ。そんなときは〈実は、彼は一度結婚してるから、二度目は慎重になっている〉〈多感な時期のお子さんもいるから、結婚するならもう少しあとになりそう〉という、相手の事情をそれとなく明かすのも有効だ。この場合はあくまでも、バツイチ男性と付き合っているという体だ。わざわざ不倫だとわかるような言い方はしなくていいと思う。

付き合っている彼氏がいることがわかると「写真見せてよ」とか「今度、飲み会に連れてきて」とか、外野の要求もだんだんエスカレートしていくが、それに応える必要もない。「ごめんね、彼は写真嫌いで人見知りなの」とお茶をにごしておけばいいのだ。

とはいえ、秘密が大原則の不倫の恋であっても、辛い気持ちや悩みをずっとひとりだけで抱えこんでいるなんて、なかなかできることではない。やっぱり誰かに言いたいし、聞いてもらいたい。

そんなとき、同じように、不倫の恋に生きる女友達がいたら、そして、心から信用できる友達であれば、心に抱えた思いを打ち明け合って、互いに悩みの相談にも乗ったり、励まし合ったりすることができるだろう。

私も、同じような境遇の女友達が何人もいて、辛いことがあるたびに相談したり、経験談を聞かせてもらったりして、いろいろなことを乗り切ってきた。

もっとも、打ち明けた秘密の恋の詳細が、他の誰かが知ることになったとしても、それを恨んではいけない。最初に言ったように「人の口には戸は立てられない」のだから。悩みごとだけではなく、のろけ話をしたことで、知らず知らずのうちに嫉妬を買ってしまっているかもしれない。だから、秘密を打ち明けるときは、十分な注意と、責任は誰にも転嫁しないという潔さも必要なのだ。

ライター仲間の雅美は、そのあたりをわきまえている。彼女は恋人のことを語るとき「来月はジミーが東京に来るから」などと言うので、てっきり外国人だと思っていたら、地方在住の日本人のおじさんだった。「ジミー」の由来は〝地味な人〟だからというので笑ってしまったが、雅美は海外旅行が趣味なので外国人の恋人がいても不思議ではなかった。

雅美とは親友レベルで仲良くしているし、お互いの不倫経験を赤裸々に語り合ったりする。でも、私はいまだに〝ジミー〟の年齢や職業など詳細を知らない。だからもし雅美が地味なおじさんと歩いている現場に出くわしても、頭の中には〝外国人のジミー〟という既成のイメージが出来上がっているので、雅美の隣にいる男性がラブラブのジミーだとは、すぐさま思わないだろう。

テレビの番組制作の仕事をしている冴子は、不倫歴十年。彼女の恋のお相手も、同じテレビ業界の人で、年上ということくらいしか私は知らない。だが、彼女の長い経験が、辛い思いをかかえて生きる女性達の心の支えになって、不倫の恋に悩む女性達が、冴子に相談をもちかけている。

「こっちが一生懸命、秘密を守る努力をしても、彼のガードがゆるいときはどうしたらいいのかしら」

と、冴子に相談を持ちかけたのは、スタイリストの美穂だった。半年前から付き合っている恋人は十歳年上の妻子持ち。美穂と彼は、多忙な日々をやりくりして、お忍びの海外旅行をしてきたのはいいが、

「航空券やホテルの予約、いまどきはネットで済ませるのが当たり前だと思ってたら、彼は、そういうのが苦手らしく、旅行代理店に頼んでたんです。しかも、会社でいつも利用

してるとこですよ。担当は口が堅いから大丈夫っていうんだけれど、それはないでしょう！」

とご立腹なのだ。

彼はとある制作会社の社長で、経理の女性以外は正社員ではなく、みなフリーランスのスタッフが出入りしている小さな会社だという。お堅い企業と比べて、社長の不倫旅行が発覚しても、咎《とが》められる雰囲気はないのだが、美穂は誰にも知られないように秘密を守っていたのに、彼の方が脇が甘すぎていささか、失望した模様だ。

それに対してベテラン選手の冴子は、「彼に悪気はないのだし、楽しい旅行を実現してくれたんだから、あまり責めてはいけないわ」と諭した。そして、不倫旅行の一件が「彼の家族の耳に入らなければ、そして彼の家族が不快な思いをしないのだったら、今回は良しとしよう。それよりも、今後はどうやって秘密を守っていくか、ふたりでちゃんと話し合うことが大切」だとアドバイスした。

不倫の恋は、浮かれたい気持ちをぐっと押し込めて、耐えながら人目を忍び、世をはばかる恋である。そのためにも、秘密を守ることは、大切な危機管理なのである。しかし、ふたりで知恵を絞り、互いに責任を持つことで、ますます互いの結びつきも強くなるだろう。秘密は愛を育てる喜びになる。

秘密を覆《おお》うものは、カチカチと固そうでも、その実態がガラスのようにもろく危ういものでは困る。外からの衝撃に耐えて、それをうまく吸収するような、フレキシブルな守り方にするべきなのだ。大人の恋だから、秘密の扱い方もスマートさが求められるのだ。

ときめきには正直に

恋の始まりは「ときめき」が知らせてくれる。ただ、不倫の恋は、その恋の始まりにときめきを打ち消して、「思いとどまろう」という自制心が働く。ところが時として理性を超えて、踏み板を跳ねて高く飛び上がるのが恋なのだ。いつになくときめいたら、心が翔べと翼をつけてくれる。

そもそも、ときめきは思いがけないときにやってくる。ずいぶん時間が経った今でも鮮明に覚えている。まだケータイ電話もメールも身近でなかったころの記憶……。

それは週末の、ちょうどランチを終えて、そろそろ資料整理にとりかかろうかというころに、仕事場の電話が鳴った。

「もしもし……」と受話器の耳元に流れたのは、聞きなれない男性の声だったが、名前を告げられたとき、聞き覚えがある声に変わった。少し前に、とあるレストランで催された会食で、テーブルを共にした男性だった。その会食にはひとりで参加している人も多く、初対面同士でも、食通という共通のキーワードがあったから、会話は盛りあがった。その男性は、私のはす向かいに座っていて、それほど親しくは話さなかったが、帰り際に名刺を交換した。

「初めてお会いした人ばかりでしたが、楽しい会食でした。またお会いしたいですね」

と、彼は言ったが、それは社交辞令に聞こえた。ただ、なかなか雰囲気のある紳士だなあという印象ではあった。とはいえ、私よりかなり年上に見えたし、名刺を渡した際に、左手の薬指にリングがあったのを見逃さなかったので、まあ、当然だろうなと納得して、それ以上の感情は抱かないように自制心を働かせたのだった。

「今、出張で、ニューヨークにいます。食事を終えて帰ってきたのですが、貴女のお薦めのレストランに行ってきました」

と電話口で言われて、いささか驚いた。国際電話をかけてきたのも驚いたが、彼の行動力の素早さに、心がドギマギした。

そういえば、会食のとき、海外のお薦めレストランの話題になったことを思い出した。ニューヨークには、学生時代の友人が住んでいたので、彼女を頼って行ったことがあり、そのときに美味しかったレストランを話題にしたが、彼がメモを取っていたとは思えないし、すごい記憶力だなあ、とも感心した。

「思った以上に美味しくて、サービスもよかった。一緒に食事した知人たちが、さすが情報通だってほめてくれて、鼻高々でした。ありがとう。お礼といってはなんですが、今度、食事でもいかがですか？」

思わぬ展開に、私の心はさらに動揺した。そして、電話を切った後、高揚してくる気持ちを抑えきれなくなって、ただならぬ恋の予感を覚えた。

実は、会食のときにもらった名刺を、名刺ファイルの最初のページに入れて眺めながら「またお会いしたですね」といった言葉が社交辞令かどうか、電話をかけてみようかなと思ったりもしていたからだ。だが、名刺にあるのは会社の電話番号だけだったので、気が引けていた。私の名刺は、個人の仕事場の電話を記していたので、気軽に電話をかけてくれないかしらと、そんな期待もあった。なので、彼からの思いがけないアプローチは、神様の贈り物のように嬉しい出来事だった。それも、ニューヨークから！

私は、二つ返事でスケジュール帖に、初デートの日を書き込んだ。もっとも、相手は既婚者だ。デートの日が近づいてくると、だんだん自制心が頭をもたげて、浮かれている気分をいさめ始めた。

「どんなに好きになっても、不倫の恋が実ることはない」

そのときはもう、私はいくつかの経験で学習をしていた。覚悟を決めて付き合った不倫さえも、結局、辛い気持ちを抱えきれずにあきらめた経験があるのに、同じことをくり返すことにためらいはあった。

だが、ときめく気持ちは膨らみ続けていた。自制心とは裏腹にデートの約束をキャンセルする気は毛頭なく、私は一生懸命お洒落をして、待ち合わせの場所におもむいていったのだ。心の中で、自制心とときめきが綱引きをしていたが、自分の正直な感情がときめく方向に綱を引かせた。

「とにかく自分の行動には責任を持とう。前に行く気持ちが強くなったら、自分で背中を押そう！　反対に少しでも心が曇ったら、すぐに引き返せ！」

と自分に言い聞かせながら――。

約束の場所に現れた彼は、前に会ったときの印象よりも、数段輝いて見えた。初対面のときの印象よりも、ハンサムで年の割に若くも感じた。こう思ってしまうのも、つまりは恋に落ちた証拠だ。

「話が合う」「一緒にいて楽しい」「いろんな発見があるね」――二度三度、デートを重ねるうちに手をつなぎ、キスを交わして親密度を増していき、ついに恋人同士になった。ときめく気持ちは持続し、会う度に好きの度合いが増していくようだった。

もとよりグルメな彼は、食べ歩きを趣味としていた。通いつめる贔屓《ひいき》の店を探すというよりも、新しい情報を手に入れては、東京のグルメシーンを騒がせているようなレストランを片っ端から彼と一緒に探検した。

趣味が合うということは、恋人同士の結びつきを強固にする。だが、それが不倫カップルには、裏目に出ることもある。特に食べ物の趣味が合うと、同じ生活空間を分かち合いたい願望が強くなる。彼は〝男の料理教室〟にも通って、魚をおろしたりするのも得意になっていたので、私は彼の手料理が食べられる彼の家庭に憧れをもち、だんだん嫉妬するようになった。食べ歩きのデートだけでは飽き足らず、その先を望むようになった。けれども、私は彼の家には入れない。

彼と過ごす時間はどんなに楽しくても、辛い気持ちに悩む方が大きくなっていったとき、私はこの恋も終わらせた。それは、付き合い始めて、一年ほど過ぎたころだった。決して長い期間ではなかったが、それでもこの恋に後悔はなかった。

どうせ終わってしまう恋なら、しなければいいのにという考え方もあるだろう。不倫の恋は実りがなく、代償を思えばリスクも高いのだから。それでも、好きでたまらない気持ちを受け留めてくれる相手がいるのであれば、不倫の恋であっても、否定せずに恋を全うすればいいのだと思う。一方通行の思いを相手が受け容れてくれなければ、もちろんあきらめるべきだ。だが、自分も、そして相手もときめいて、燃え上がる恋の炎を不完全燃焼させたままでは、かえってストレスがたまる。

恋に未熟なころの私は、振られてプライドが傷つくのを恐れて、たくさんのときめきを打ち消していた。その反動で、恋愛に積極的に挑むようになると、不倫の恋であっても、その思いが燃えつきるまで、真摯に向き合うようになった。不倫という大きな枷《かせ》があったからこそ、人を愛するとはどういうことかを知ることができたと思う。

もちろん、人を愛するということはとても深いものだから、恋愛とは何かを知ったといっても入り口に立った程度にすぎない。だが、私にとって、不倫の恋を経験しなかった自分と、経験したあとの自分とではずいぶん変わったと思う。

何が変わったかといえば、恋に挑むときの基準が、「実るか、実らないか」から「ときめくか、ときめかないか」に変わったことだ。

しょせん実らない恋だからとあきらめるのではなく、たとえ実らなくても、ときめきがあれば、その恋につき進んでみたらいい。打算と妥協だけで選んだ結婚と比べて、ときめきが詰まった恋の果実の方が、未熟であってもどれほど美味しいことか。

人生のある時間を、好きな男性と共有できたあの高揚感は、一生忘れない宝物になって、恋が終わったとしても、思い出の中で甘く実り続けている。

だが、不倫の恋であっても、打算や妥協に走るケースがある。それが、世間で不倫の恋が批判にさらされる理由のひとつなのだとも思う。

「ほんの遊び心で」「愛はないけれど、お金に目がくらんで」「後先を考えない略奪愛」「本命の彼氏に愛されない淋しさを紛らわすだけの満たされない二股愛、三股愛」……ときめく気持ちもないまま、自分のプライドや見栄のために不倫の恋に走るのなら、それはブレーキをかけるべきである。

恋が終わってシングルライフに戻ると心もとないのは確かだ。恋人と別れた直後の〝ひとり寝〟もわびしい。だが、ときめきもないのに、誘惑の恋に乗ってしまうのは、余計にみじめな思いが残るだけだ。たいそう後味も悪い。

ひとり寝の淋しさも大切な愛を刻んだ思い出が埋めてくれる。そしてきっとまた、新しいときめきがやってくることを信じていい夢を見ながら、眠りたいと思うのだ。

ホットライン

恋の始まりにおいて、彼からの連絡ほど待ち遠しいものはない。

不倫の恋においては、ふたりの気持ちをつなぐホットラインはとても大事だ。会えない日でも、ホットラインで会話ができたら、辛い気持ちもやすらぐ。本当は声が聞きたいけれど、会話ができないときでも、送ったメッセージが既読になって、愛らしいスタンプが返ってくると安心する。「私のこと、ちゃんと思ってくれているんだ」と、その確信があれば、今日も一日元気でいられる。

今は、とても便利な時代だ。メールやSNSを使えば、誰にも知られず、彼と連絡を密に取り合うことができる。

スマホとSNSの普及によって、恋愛もずいぶん変わったなあと、ため息が出る。ケータイ電話のないころの苦労は一体なんだったんだろう。

これは、今では化石のような昔ばなしだが、不倫の恋に悩んでいるアラサー、アラフォー世代の女性達に、先輩たちの涙ぐましい話をすると、「元気になれた」「勇気がもらえた」

と喜んでもらえることが多いので、ここでも披露させていただく。

二十数年前ごろは不倫の恋の必携アイテムに、「電話延長ケーブル」なるものがあった。私も五メートルと長いものを使っていた。部屋のどこへ移動するときでも、常に電話をそばに置いておくためだ。そのころ、子機付きの電話も売っていたが、高額だったため、当時、不倫の恋をする女達の多くは、電話機を買い替えるよりも、安い延長ケーブルを買い足す方を選んでいた。

ひたすら彼からの電話を待つ時代だった。彼の家庭や職場にこちらからかけるわけにはいかないからだ。留守電のメッセージ機能も役に立たない。こちらから折り返すこともできない。毎日決まった時間にかかってくるわけではない。相手にもかけるタイミングが限られている。だから、かかってきたときには、できるだけ出られるように努力したのだ。

たとえばシャワーを浴びているときにも、電話が鳴る音を聞き逃さないようにドアを三センチほど開けて、水がかからない場所に電話を置いて、耳の神経をとがらせながらシャワーを浴びていた。出かけるときは玄関に電話を置く。鍵をかけて、出かけようと数歩歩き始めたときに、電話が鳴ってもすぐ引き返して、なるべく早く電話に出られるように。そして帰ってきたときは、マンションのエレベーターを降りると早足で部屋に向かった。

電話が鳴っていたら、逃さずに出られるように。

「同じ呼び出し音なのに、彼からの電話だって、聞き分けることができるのよね」

「あら、私もそうよ。なぜか直感でわかるのよね」

といって、不倫の恋に生きる女達は、盛り上がっていた。

電話をかけてきた相手の名前が表示されたり、彼専用の呼び出し音が選べるような機能も何もない時代に、電話は自分達の愛の確かさを計る大切なツールだった。

不便な時代だったが、そこには愛を育む場面がたくさんあった。しばらく連絡がなくても、彼を信じてひたすら待った。たとえば、待ち合わせの場所に彼がなかなか現れなくても、連絡を取る方法がないからこそ、必ず来てくれると疑わなかった。すれ違ってばかりで、哀しい思いもしたけれど、ようやく会えたとき、愛を確信する喜びがあった。だから、少々のことは辛抱できた。

今の時代、恋愛に我慢は必要なくなった。

苦労して連絡先を訊き出さなくても、出会ったその日から、アドレスやＩＤを交換してネットでしっかり繋がっていける。スマホやＰＣが勝手に「お友達ではありませんか？」と繋げてくれることもある。

不倫の恋にとっても、すごくありがたい時代になった。ＳＮＳのアプリを上手に使いこなせるなら、別アカ（通常使っているものとは別のアカウント）を作って利用したりなどと、いろんな知恵を使ってふたりだけのホットラインを確保できるからだ。もう、誰にも遠慮することなく、ラブリーな会話をいつでも、どこでも、好きなときに交わせるから、会えなくても淋しいことはない。

もっとも、冷静になると、便利なコミュニケーションツールが不倫の恋にとって、本当に便利なのかと疑う。実は危険な落とし穴がいっぱい潜んでいるからだ。

ちょっとした操作ミスで、彼とのツーショット写真をうっかり、職場仲間で使うＳＮＳのチャットに投稿してしまう悲劇を起こさないとも限らない。

そこまで、大惨事にはならないまでも、ひやっとした経験は誰にもあるはずだ。

「親友の家に忘れてきたスマホに彼から着信があって、彼との交際がバレてしまった」とか、「スマホが勝手に起動して、彼のケータイを鳴らしてしまったので慌てて切ったら、その後に折り返しでかかってきたので出ると、なんと彼の奥さんだと名乗られて、心臓が止まりそうにびっくりした。なんとかごまかせたからよかったけれど」といった類の話はつきない。

職場の上司と不倫の恋をしている香澄。十歳年上で四十八歳の彼は、ずっとガラケー派だったが、香澄のすすめでスマホに変えた。だが……、

「メッセージのやりとりが簡単なアプリが気に入って、彼のスマホにも設定したんです。でも、途端に、彼の娘さんから〈パパなの？〉なんてメッセージがきて。登録されてる携帯電話でどんどん繋がっちゃうので、これはまずいぞと思って、慌てて、彼のスマホからアプリを削除しました」

慣れないスマホの扱いが、かえって危なっかしい事態を招いた。

「結局、ショートメールで連絡し合って、マメにスレッドを削除する前からの連絡方法に戻りました」

不倫の恋が十年選手になる冴子も、

「とにかく、お互いに、履歴を残さないことね。送信したら削除、受信しても削除よ」

という。冴子も彼も機械には強くないので、ふたりのホットラインは新しいアプリなど使わずにもっぱら慣れている安全なケータイメールだという。

「万が一、誰かにメールを見られても大丈夫なように、デートを匂わすような文言は、メー

ルに使わないようにと、彼とちゃんと決めごとをしているの。たとえば、〈食事しましょう〉ではなくて、〈打合せしましょう〉とかね。一見、仕事の取引先と交わしてるような書き方をしてるわ」

ホットラインをどう使うか、交際を始めるにあたって、ふたりでよく話し合ってルールを決めておきたい。

「うちの奥さんは、必ず俺のスマホをチェックするんだ」という話もよく聞く。

なんだか、ものすごいやきもち妬きの女房を思い浮かべてしまうけれど、妻にしてみれば、「やましいことがなければ、夫は堂々とスマホを妻に見せられるはずだ」と考えるのは当然だ。もしかして、過去に妻を泣かせた浮気歴があり、妻はとてもとても疑り深くなっているのかもしれない。

「でも、大丈夫。ナイショでもう一台持ってるんだ」と、隠し持っている別のスマホを自慢げに見せびらかす男もいるが、私達が愛する男は、妻を泣かせてばかりいるような軽薄な浮気男ではないと信じたい。

私の友人に機械に強い、いわゆる理系女《りけじょ》がいる。彼女は自宅のＰＣを操作して、夫のスマホの中身をしっかり読んでチェックしてるという。彼女の夫が機械音痴でスマホの扱いやアプリの設定も妻に任せているので、ログインに必要なパスワードも妻に管理させっぱなしなのだ。幸い、この夫婦は円満で、夫の不倫問題もないのだが、便利な時代はかえってこわいなあと思った。

不倫の恋には、かつてのアナログ時代の連絡方法を見直して、今の便利さの合間に取り入れてみるのも悪くない。私が使い道に困って持てあましていたテレカ（公衆電話用の磁気カード）を譲ってほしいという知人がいた。彼はスマホもタブレットも使いこなしているけど、不倫相手の女性に連絡を取るときは、公衆電話を使っているのだという。いまどき使えるのかと思ったら、案外、駅周辺や繁華街にぽつんぽつんとあるから、驚いてしまった。

もっとも、スマホやSNSの機能だけが、落とし穴ではない。一番大事なのは、コミュニケーションの中身である。

マーケティングの会社に勤める里奈《りな》は二十八歳。十二歳年上の男性との不倫の恋を経験した。だが、スマホのメッセージの使い方が原因で、苦い想い出に終わったという。その彼は、取引先の役職にある人で、ふたりの関係は秘密厳守。あるプロジェクトで頻繁に顔を合わせるようになり、プロジェクトのメンバーで食事に行く際も帰宅するふりをして、こっそりケータイのメッセージで連絡を取って、ふたりでデートを重ねていた。だが、半年程経ってプロジェクトが終わると、会う機会が減っていった。

「会えないと、会いたい気持がつのって、あるとき、私は、最大級の愛の言葉を並べて、彼にメッセージを送ったんです。そうしたら『重いよ、僕の立場もわかってくれ』って返事がきたんです。私は、まさか彼がそんな風に受け止めるとは思ってなくて、またすぐに返信しました。〈あなたにとって私は重い存在になろうとは夢にも思ってない、文章だとうまく伝えられないから、会って話を聞いてほしい〉って。なのに『もう、終わりにしよう』ってそれきりになりました。彼は、私の愛情を負担に感じたみたいです。結婚を迫ったりしてないし、このままずっと、いままで通り付き合っていきたいと、何度かメッセージを送ってもまったく反応がなくて、後味の悪い虚しい気持ちだけが残ったんです」

便利であるはずのメッセージのやり取りに、実は送る側と受け取る側で微妙な温度差がある。言葉足らずだったり、過剰になりすぎて、意図しない誤解を生む。それで関係がギクシャクして幕引きになるなんて、あまりに哀しい。

ホットラインは、あくまでも温かい愛を育むツールであってほしい。

愛の営みとバースコントロール

東京の港区にある某クリニック。待合室の一角に、掲示板があり、かつて、そこにはこのクリニックで生まれた赤ちゃんの成長を報告する、写真入りのグリーティングカードがぎっしりと飾られていた。

最近、久しぶりの健診でここを訪れたが、個人情報の管理ということもあり、カードの類は掲示板から消えていた。だが、赤ちゃんを抱くお母さんと、寄り添うお父さんの写真は、どの家族も笑顔で、幸せなオーラが満開だったことが私の脳裏に焼きついている。

私がこのクリニックに通いはじめたのは三十歳手前のころのことだ。大きなお腹を抱えた女性たちに紛れて、私は〝バースコントロール＝避妊〟を指導してもらうために、通っていたのだ。

「結婚しなくてもいいから、子どもは産んだほうがいいわよ」

三十歳になるころ、周りからよく言われた。そして母親までが私にそう言ったので、いささか驚いた。私の母は二十二歳で結婚し、二十四歳で私を産んだので、いつまでも独身で結婚する気配のない娘に、「女性が子を産み育てるには時間的なリミットが迫っている」ことを自覚しろと諭したかったのだろう。

まさか、娘が既婚者の男性と恋をしているとも知らないで……。

今は、三十代、四十代の出産は珍しくなくなったが、かつては三十歳を超えての初産は、高齢で大変だから、なるべく二十代のうちにといわれていた。そういう風潮の中で、三十歳の誕生日が近づいてくると、私も人生設計をどう考えているか、自問する日々であった。

しかも、とある人生経験豊富な先輩に、「ご両親が元気なうちなら、あなたとお母さん、お父さんの三人がかりで子育てすればなんとかなる。だから、一刻も早く産んだほうがいい」とアドバイスされたこともあった。

当時、私は実家の近くに仕事場を兼ねた小さな部屋を借りていたが、取材であちこち飛び回ったり、締め切りに追われると、徒歩圏内にいる母に家事を頼っていたので、実家で暮らしているのと実態は変わらなかった。

要は〝パラサイトシングル〟であり、そのまま子どもを産めば〝パラサイトシングルマザー〟になる。先輩達に「子育てするパラサイトシングルを応援するから」と背中を押されると、それもアリだなとも思った。

心から愛する男性のＤＮＡを引き継いだ子どもを産み育てたい、という母性本能は私にもあった。シングルマザーとして子育てを立派に成し遂げている人も周りに何人かいるのは、励みにもなった。

けれども冷静に現実を考えてみると、私にはその勇気がなかった。自分はフリーランスのもの書き業で、明日の保証は何もない。シングルマザーとして生きていくには、まず経済力に大いに不安があり、未来の生活設計も立てにくい状況で、さまざまな困難を乗り越えていけるほど、タフではなかったのだ。

やはり私は産まないことを選択した。そのための〝バースコントロール〟である。その目的は避妊だけではない。婦人科のかかりつけ医がいれば、定期健診によって婦人病やＳＴＤ（性感染症）などの予防も指導してもらえる。

愛し合う行為は、性欲だけでは営まれない。そこに精神的な結びつきがあってこそ、人間の愛の営みとなる。それはとても崇高なものだ。その営みを続けていくには、精神が健全でなければいけないし、それを支えるのが健全な肉体だ。

自分が健康であれば、彼もＳＴＤにおびえることはない。そして彼の家庭で感染騒ぎが起こることもない。クリニックでは、避妊だけではなく病気予防のためにコンドームをつけるよう、指導されていた。

さて、ここで彼にどう伝えるかが課題となった。避妊はもちろんのこと、「性病予防に」と露骨なことがいえないときに、どうしたらいいのか――そんなときに、「あなたのお家にまで、心配事を持って帰らないようにした方がいいよね」というと、反応はふたつ。「それもそうだな」と納得する派と、「家ではその必要ないので」との心配ご無用派。そのどちらもが悩ましい。

納得派は、〝予防〟することにおいては喜ばしいことだが、「そうか、この人は家に帰ったら、奥さんとは仲がいいんだ」ということがわかって気持ちが凹む。心配ご無用派は、家庭ではセックスレス、愛の営みの相手は私だけというのは嬉しいことだが、〝予防〟に非協力では、困ってしまう。

しかし、複雑な気持ちはさておき、彼に快く協力してもらえるように最初に話し合うのが、不倫の恋を続けていくうえでとても大切なことだ。

家族と暮らす彼と、自分と付き合う彼――不倫の恋は、そのどちらの世界とも共存している。そこには、彼だけが行き来する確かな境界線がある。どちらの世界の心配事をなくすためにも、バースコントロールと病気の予防はおざなりにできないことだと思っている。

愛の営みの本来の目的は、子孫を残すこと。けれども、人間が生きる喜びを見出し、明日を生きようとする力も、男女が愛し合うことによって生まれるのだと思う。英語で〝メイクラブ〟という意味は〝エッチをする〟ことではない。ひたすら愛を創出する行為である。

不倫の恋とは、「愛とは何か？」を探求し続ける営みだと思う。自分の中に眠っている本当の自分の姿を解放して、新たな〝悦楽の境地〟を見出せたら、人生の物語にもう一章、幸せに満ちたエピソードを書き加えられるだろう。

昼顔妻

その女性は、薄紅色のコートを着て、団地の外れにある公園の街路樹の前に立っていた。するとそこに、一台の車がやってきて、その女性は車に乗り込んで、どこかに去っていった。

小学生のころの記憶である。学校から帰るころ、ときおり見かけた光景だった。女性は団地に住む奥さんで、私の母よりずっと若かった。やがて、その女性のことが、団地に住む奥さん達の噂になった。私はそのとき、子どもながらに「あの若い奥さん何かイケナいことをしているんだ」と思ってドギマギしていた。

最近、上戸彩と斎藤工の共演したヒットドラマがきっかけで〝昼顔妻（不倫する既婚女性）〟が話題になったとき、「ああ、あの団地の若奥さんが昼顔妻だったんだ」と思い出したのだった。

昼顔妻の謂れは、もともとは、平凡な妻が昼間は娼婦になるという有名なフランス映画『昼顔／原題はＢＥＬＬ《ベル》　ＤＥ《ドゥ》　ＪＯＵＲ《ジュール》（昼間の美女）』のタイトルにちなんだもの。

主演はカトリーヌ・ドヌーヴ、監督はルイス・ブニュエル。この映画にオマージュを捧げて、日本でテレビドラマ化されたのが、上戸彩と斎藤工の『昼顔～平日午後3時の恋人たち～』なのだ。

カトリーヌ・ドヌーヴの昼顔は、幸せな人妻が、妄想にかられ刺激を求めて娼婦の世界に足を踏み入れるお話。一方、上戸彩の昼顔は平凡な主婦がドロドロのW不倫へはまっていくドラマである。

上戸彩の昼顔ドラマは映画化もされて人気を博したので、今どき、狭義では〝昼顔妻〟といえば夫のある身でW不倫に走る妻を指す。

いつの世も、ご近所さんの目は厳しい。今どきは、テレビのワイドショーを賑わす話題も、著名人のW不倫が多いから、身の回りに起きる昼顔妻の怪しげな行動に、隣人たちは一層目を光らせているのではないかと思う。

結婚して幸せな家庭を築いた女性が、なぜ不倫に走るのか？

W不倫を体験した芙美子《ふみこ》は、三十三歳の専業主婦だ。四歳年上の夫は大企業の系列会社で働く営業マンで、ふたりは美男美女のお似合いカップルだった。

芙美子がW不倫にはまるきっかけは、そもそも夫の不倫にあった。夫の不倫相手は、取引先の女性経営者。

「十歳も年上のおばさんのどこがいいの！　って思ったんです。でもネットで検索したら、写真が出てきて、ほっそりとした美しい女性でした。ああ、夫はこんな綺麗な女性に骨抜きにされたんだと思ったら、悔しいやら、憎らしいやら」

芙美子は結婚して八年。欲しかった子どもができず、それが悩みであった。

はたから見ると、芙美子はちょっとぽっちゃりはしているが、萌え系の可憐な美人である。家にこんな可愛い奥様が待っていたなら、旦那さんはさぞかし幸せ者とはた目には思うが、実はもう四年程セックスレスだという。新婚時代は子作りに励んでいたが、だんだん夫婦の義務になって、愛の営みから遠ざかっていったのだ。しかし、一緒にゴルフを楽しんだり、友人を家に招いてホームパーティを開くなど、仲のいい夫婦ぶりは健在だった。

だが、セックスレスになってほどなく、夫が得意先との営業を理由に、深夜帰宅や休日出勤が増え、行動が怪しくなった。

「夫が寝ている間に、夫のスマホを見たんです。深夜で遅く帰宅した日にやり取りの多いメールがあって、〈業務連絡〉を装ってるのがなんだが怪しいと思ってたどっていったら、デートの約束とか、もろにわかるような内容もあって」

ついに芙美子は、夫の不倫をつきとめた。夫は「出来心だから」「本気じゃないから」

と芙美子にひたすら謝って、不倫相手の彼女と別れた。夫妻は再生のために、そろって心理カウンセリングも受け、努力を重ねた。それでも、芙美子の気持ちは収まらなかった。相変わらず、夫婦関係はセックスレスのまま。

とうとうストレスによる過食が原因になって、芙美子の体重が十キロほど増えてしまった。妻はベッドで、夫は寝袋を広げて居間に寝るようになり、家庭内別居状態となった。

「これでいいとは思いませんでした。何かを変えないといけないって焦る気持ちもありました。でも、気が付くと過食に走ってるんです。そんな自分がいやになって、ダイエットを真剣にやってみようかと思ったんです」

芙美子は町にできたばかりのフィットネスクラブを広告で知り、通い始めた。そして、担当のインストラクターと瞬く間に恋に落ちてしまったのだ。

夫の浮気を責めた芙美子自身が、まさか不倫の恋をするとは思わなかったが、そのときは、良心の呵責よりも、「夫が味わった禁断の実を私も食べて何が悪い?」という気持ちになっていたという。

不倫相手の彼は一歳年下で、精悍な体から若さがみなぎっていた。セックスのない生活に渇いていた芙美子の身体が、一気に燃え上がったのもうなずける。彼は既婚者で幼い子どももいたが、Ｗ不倫に歯止めはきかなかった。

「彼にはダイエットだけでなく、心の悩みもなんでも相談できて、今までひとりで抱えていた重いものから、ぱあっと解放された気分になりました。いつの間にかもう離れがたい存在になってしまったのです」

愛が深まれば、この恋にかける本気度も増してくる。

「もう、愛情が冷えてしまった夫とは離婚したくなりました。彼も、この恋は真剣だというので、お互いに離婚・再婚に向けてどうしようかという話もしました」

芙美子は、夫の不倫を理由に離婚話を進めることはできると思った。だが、芙美子の不倫相手が離婚するには、妻への慰謝料や、子どもの養育費の問題がある。彼側から見ると、離婚の原因が芙美子との不倫になるので、彼の妻から芙美子が訴えられるかもしれない。となれば、今は事情を知らない夫も芙美子の裏切りを知るだろう。そうなったら、芙美子が有利に離婚話を進める立場ではなくなる。

それでも芙美子は、新しい恋人と第二の人生をスタートさせる覚悟はあるのか？

新しいこの恋は、本当に一生を添いとげるほどの真剣なものなのか？

「いっときは、不倫の恋に賭ける気持ちで盛り上がりました。でも、具体的に考えようとすると、怖くなってきたんです。特に、彼の方は、〈子育てに追われるヨメにもう欲情しなくなった〉とは言ってましたが、妻子に対する愛情がなくなっていたわけではなかったんです。ただ、私たちは、お互いの夫婦生活では求められない欲望を満たすことができる相手に過ぎなかったんでしょうね。結局、彼は〈お互いに家庭に波風立てずにこの関係を続けよう〉と言いました。でも、私は、このままの状態を続けるのは辛かったんです。欲望を満たすのではなく、愛されたいという気持ちがあるので、だんだんみじめになりました」

だから、芙美子の答えはノーだった。

付き合い始めて、半年ほどして、芙美子の体形も元に戻ったころ、この恋は幕を閉じた。

振り返れば、家には夫がいる。

たった一度の浮気を責められたあとは、まるで精気のない姿で、家に居るときはただゴロゴロしているだけだ。だが、芙美子は、自身も不倫した負い目があり、夫を赦《ゆる》す気持ちになった。

芙美子は、夫に子どもが欲しいと打ち明けた。夫婦で病院に行き、不妊治療を受けて、子作りをすることで、夫婦の再生に踏み出した。

「妊活の検査や不妊治療は、夫にとっても辛いし、屈辱的なこともあるけれど、夫はとても協力的で優しいので、ああ、この人、子どもが欲しかったんだなあって、思いました」

芙美子のように昼顔妻に走っても、いったん気持ちの整理がついて、結果、夫婦の絆がもっと強まったのであれば、それは悪い話ではない。

映画やテレビドラマはスキャンダラスな結論を好むようだが、現実に、Ｗ不倫に走る昼顔妻は、なぜ、不倫に走ったかを一度考えてほしいと思う。

独身女性が不倫の恋をするのと違う。家にいる家族の顔を浮かべてほしい。

単に、退屈な毎日に刺激を求めようという好奇心からの不倫であったり、夫へのあてつけだったり、ただただ仮初《かりそ》めの火遊びであれば、深入りしないうちに、もう一度、家に戻って、夫婦の愛の再生に力を注いでほしいと願うのだ。

しかし、はた目にはわからない、夫婦が抱える問題がある場合は別だ。

たとえば、夫のＤＶ（家庭内暴力）や暴力は振るわないモラハラ（モラル・ハラスメント）、おさまることのない浮気性などに妻が悩まされている……などだ。愛の存在しない仮面夫婦を続けるのに疲れ切ったら、夫婦間が修復ができないところまで関係が悪化しているのなら、我慢しないで離婚するのが一番いい。

けれども妻たちは、子どもがまだ幼かったり、経済的に自立できない、家族経営で夫婦で一緒に事業をやっている……などさまざまな理由で夫婦を続けていかざるを得ない――そんな切実な思いを知ると、同じ女性としてやるせなくなる。そんなときに、ぽっかり空いた心のすきまに入ってきた昼顔妻への誘惑を誰が止められるだろう。明日に向けて、それが、生きる道しるべになれば――逆境を生き抜くエネルギーになれば――。

しかし、心しておきたい。

情熱のまま、ひた走る前に、常に冷静である自分を見失わないでほしい。

W不倫は、Wとつく以上、恋をする覚悟の度合いも、真剣さも、秘密を守る危機管理も、たくさんのエネルギーを消耗する。そして、それが公になれば、傷つく人も倍になる。自分の家族、相手の家族みんなが悲しみ、不幸になる。

恋の定員はたった二名だけ。だから、それ以上の人間を巻き込まないように、というのは、どんな不倫の恋にも共通の掟であるが、世にはびこるW不倫は、巻き込まれる人があまりに多く、自分も周りもただただ傷つくだけ。代償は計り知れない。

第 2 章

継続の作法

たとえ世を忍ぶ恋であっても、ふたりだけの世界にいるときは
誰はばかることなく、愛を存分に享受したい。
次に会う日まで、楽しい気持ちで心が満ち溢れるように！
そして、決して都合のいい女にならないために！

アンドロギュノス度チェック

「なんで、私たちは巡り会ったのだろうか？」と私は考える。

「まさか、君と出会えるなんて、思ってもみなかった」と、彼は言う。

彼が二十代の半ばで結婚したときは、私はまだ小学生だった。それから十数年経って、私が二十代の後半になったとき、彼と出会って恋に落ちた。もっと早く知り合えるように物語は用意されていなかったのか、と恨みがましい気持ちにもなる。私達は、古くからのいい伝えにあるような、小指と小指が運命の赤い糸で結ばれていたふたりなのだろうか？

あるとき、私は隣ですやすや眠っている彼の手足を眺めて、あることを発見した。彼の指先の爪の形や指の長さが私のとよく似ていたのだ。

このとき〝アンドロギュノスの片割れ〟という話を思い出した。

高校生のとき、博学だったボーイフレンドに教えてもらったのだが、アンドロギュノスはギリシャ神話に出てくる最初の人間の姿なんだとか。アンドロギュノスは本来、頭が二つ、手が四本、足も四本だったが、あるとき神様の怒りをかって半分に引き裂かれた。それ以来、人間は、かつて一体だったアンドロギュノスの片割れを探して行動する。それが男女における求愛なのだという。

高校時代の博学なボーイフレンドに、私は淡い恋心を抱いていたが、「僕たちは同じアンドロギュノスの片割れではないと思う」と言われ、ふたりの交際がそれ以上発展することはなかった。

アンドロギュノスの話はすっかり忘れていたが、私は三十歳近くなって、ようやく自分が巡り会うべくして巡り会えた恋に――しかし、皮肉にも不倫の恋に甘んじなければいけないという葛藤にさいなまれることになったが――アンドロギュノスの話が妙に腑に落ちたというわけだ。

高校時代の博学なボーイフレンドからの聞きかじりの記憶に頼ると、人間が恋愛を繰り返し、また失恋を繰り返すのは、〝正しい〟アンドロギュノスの片割れを見つけるための修行らしい。つまり、そうやすやすと、〝正しい〟アンドロギュノスの片割れは見つからないということだ。

もちろん、初恋の相手がアンドロギュノスの片割れであればそれは幸せなことであるが、慌てて結婚した相手が、アンドロギュノスの片割れではなかったら、どうなるか。ひとつ組み合わせを間違うと、あぶれた片割れがまた間違った組み合わせになって……というふうに増殖していく。

世の結婚しているカップルはほとんど、間違いだらけの組み合わせなのかもしれない。だから、パートナーに不満を抱いたり、愛が冷めてしまうのだろう。地球上に、何十億といる人間の中から、たったひとりの片割れを見つけるのが困難なのはうなずける。

だとしたら、たとえ不倫の関係であっても、アンドロギュノスの片割れと信じられる相手に出会うことができたのなら、奇跡だし、幸せなことではないかと私は思った。

指の爪の形が似ているというのは、私の単なるこじつけにすぎない。指紋の渦巻のパターンが似ていても嬉しいし、頭のつむじが似ていてもいい。ほくろのある場所が同じだったりしても、嬉しい。

しかし、外見上の共通点で、アンドロギュノスの片割れかどうかが、推し量れるものではない。身体を重ねてみてセックスの相性がいいかどうかも大切なのだと思う。彼が巧い下手の云々ではない。肌を合わせたときに、ふたりの身体も心も喜びで満たされることが重要だ。

ただ、抱きしめ合ってるだけでもいい。十分にお互いが相手を思いやって、愛を感じることができ、精神的な高まりがあれば、アンドロギュノスの片割れかどうかの確信になるものだと思う。

もっとも、神話だから科学的な裏付けなどない。しかし、私は、アンドロギュノスの神話を信じてみたいと、思う。

とかくネガティブに捉えがちの不倫の恋にもワクワクとする〝存在理由〟が見つかった気がして嬉しくなる。この出会いを、遅すぎたとか、不運だと嘆かずに受け入れてみようと前向きにもなれる。

結婚という形だけが愛のゴールではない。

ずっと探し続けた運命の相手＝アンドロギュノスの片割れに出会えたこと、それ自体が、男女の求愛の本来の目的の遂行だと思えば、不倫の恋にも意味がある。

そう、私たちが出会ったことで、アンドロギュノス本来の姿に戻れたとしたら、本望なのだ。出会うべくして出会えたと信じることができる恋は、大切に育まなければならないし、もし、この後、何かの力でまた引き裂かれてしまったとしても、悔いはない。

さあ、不倫の恋を楽しむために、まずはアンドロギュノス度チェックをしてみよう。

ふたりは、出会うべくして出会った運命の相手であることを期待しながら……。

プライバシーは尊重して

カップルがある程度親しくなると「ウチに来る?」と、互いの家を行ったり来たりするようになる。しかし彼が既婚者であればそうはいかない。彼女がひとり暮らしの場合は、彼氏がもっぱら彼女の部屋に通ってくることになる。

もちろん、大好きな恋人を自分の部屋に呼ぶのは楽しい。そして、誰に気兼ねすることもなく、ふたりで過ごす空間は、お互い少しでもくつろげるように気を配りたい。

美味しい手料理でもてなせば、彼の心をもっと虜《とりこ》にすることができるだろう。ふたりで使うペアグラスやマグカップ、お茶碗やお箸もペア使用にして。洗面所には彼専用の歯ブラシや髭剃り、タオルやオーデコロンも置いて、もちろん、部屋でくつろぐときの着替え一式、近くのコンビニまで行くときのクロッグサンダル……と一通り揃えるのは、それだけでも楽しいイベントだ。

しかも、もし彼が今、奥さんの実家で〝マスオさん状態〟で生活していると聞かされたらどうだろう。さらに〝お受験を控えた小学生の子ども〟がいて、そのうえ、要介護の高齢のおばあちゃんも同居していて……といった状況なら、きっと彼は家庭の中に〝自分の居場所〟を見出せず、気が休まることはないんじゃないかと想像を逞しくする。

「だったら、奥さんや子どもが待つ家よりも、私の部屋に呼んで気が休まるようにしてあげたい。もっともっと心がやすらぐように尽くさなくちゃ」と、切ない女心が少しでも彼の気持ちをこっちにつなぎ止め、彼の心に占める自分の割合を大きくしようとするだろう。

そして、気持ちはだんだんエスカレートし、もっと彼の居心地を良くするために、彼がまるで〝自分の家のよう〟にいつでも来られるように、とうとう合鍵を渡してしまうのだ。

忘れ物や、失くし物が多いうっかりさんだと、彼が合鍵を持っててくれて助かったということもあるから、合鍵を渡しておくメリットもあるといえる。

また、仕事を持つ女性であれば、帰宅時間が遅くなることもあるだろう。そんなとき、彼が一足早く、部屋に来て先に料理を作って待っててくれたり、散らかった部屋を掃除までしてくれたり……というのは、多忙なうえ疲れて帰宅する女性にとってはありがたいことだ。

だが、しかし、そうしたメリットがあったとしも、合鍵は渡すべきかどうか悩む。

「ただいま」と帰ってみたら、彼がすっかりほろ酔い気分で寝息をかいて居眠りしていることもある。彼だって仕事で疲れているだろうし、職場でいやなことがあったかもしれない。そんなときは、早くリフレッシュしようと、ひとりで先にビールを飲み、おつまみを食べているうちに、寝落ちしてしまったのだろう。

まあ、それが〝かわいいなあ〟と許せるうちならいいのだ。

だが、あるときに、そうした彼の行動が、うっとうしく思えてきたり、腹立たしくなってきたら、イエローカード（要注意）である。

彼を部屋に上げたのは愛があるからであり、合鍵を渡したのは彼を信頼しているからだ。だから、自分がいない間に、彼が自分の部屋で何をしているのだろうかと、妙な疑いを持つことは本意ではないが、部屋には彼に見られて困るもの――たとえば過去の男の形跡といった類のモノ――を置いてないとしても、あちこちガサゴソしてはいないか、と想像すると、それはあまり気持ちのいいものではない。

合鍵を渡してしまうのは、つまるところ、スマホをどうぞと差し出して中身をチェックさせること、日記をどうぞと読ませること、自分宛の手紙を勝手に開封させて読まれることを許すのと同じことなのだと思う。

とても親密だけど、部屋にやって来る彼は、家族ではない。お客様なのだという意識があった方が、いつまでも緊張感があって、恋を楽しめるのではないかと思う。つまり、彼を最上級のお客様としてもてなすという楽しみに徹すれば、合鍵を渡そうなどとは考えないだろう。

合鍵を渡さなければ、だらしない彼の姿を見てがっかりしたり、変に勘ぐったり、疑わなくてもいい。

合鍵と同様、不倫の恋にストレスを増やさないためにも、やはり、女のひとり暮らしの部屋は、あくまでもひとり暮らしの部屋としてキープすべきである。

思いがつのって、夫婦が暮らす部屋のようになる前に、どこかで歯止めが必要なのだ。

ひとりで暮らすのにちょうどいいコンパクトな部屋が、彼がこの空間で長く過ごすようになると、なんだか雑然としてくる。それは、単に荷物が多くなったことではなく、彼が居つく時間に比例して増えた〝生活感〟のせいだろう。もしそれが見えてきたら、できるだけ早く、もとの形に戻すようにつとめた方がいい。

私にも、苦い経験があった。不倫の恋の始まりには、デートはレストラン、お泊まりはホテルだったのが、次第に私の部屋が唯一、デートの場所になってしまったある日、こう言ったのだ。

「たまには美味しい食事に連れて行ってほしいなあ」

「たまにはドライブで遠出したいなあ」

「たまには、温泉旅行に行きたいなあ」

彼は、「そうだね」と笑いながらも、「ここが妙に落ち着くんだ」と、外に行くデートを実行する気はさらさらなくなってしまっていた。

確かに、私の部屋でのデートは人目を気にしなくていいので気が楽だった。しかも、デートの出費も抑えられるから、彼もふところ具合を心配しなくてもすむ（もし、奥さんからもらえるお小遣いが制限されているとしたら、あまり彼に負担をかけたくないし……）。

だが、そんな彼のことが、まさに〝お荷物〟に感じるときがきた。そして気がついたことは、彼に合鍵を渡す、彼を自分の部屋に入れる——それは私は彼にとって単に〝都合のいい女〟に成り下がっているだけではないのかと。

イラストレーターの茉莉《まり》は、かつては、茉莉の部屋で夫婦のように不倫の恋の相手と暮らしていた。彼は美大の先輩で、ゲーム制作のプロダクションに勤めるアニメーター。

「当然、合鍵を渡してました。お互いに不規則な生活で、週の半分は夜中に起きて仕事もしているし。だから、私の部屋でデートするのはとても便利だったんです。でも、開発中のゲームの納品が迫ってくると、真夜中や明け方にやって来るのはいいけど、〈疲れた、とにかく寝かせて〉といって夕方まで爆睡した挙句に、シャワーを浴びて、冷蔵庫にあるものを勝手に食べては、また出ていくようなこともあって、〈ここは仮眠室ではないわよ〉ってだんだん腹が立ってきて、生活を変えないと……」

もちろん、彼を嫌いになったりはしていない。茉莉はいつもときめいている恋人同士の緊張感を取り戻したくて、部屋の契約更新の時期がきたときに、賃貸契約をやめて、実家に戻ることを選んだのだ。

「会う頻度は少なくなったけど、月に一回、私が都心のホテルをリザーブして、そのときだけは、デートを存分楽しむことにしたんです」

互いに締め切りを抱えるクリエーターなので、スケジュールを調整するのはむずかしいけれど、少なくとも月に一日は優雅なホテルデートを死守し、余裕があれば、毎週どこかでデートする努力を続けているという。

「それができなくなったら、もうこの恋はあきらめます。でも、やっぱり会いたいから頑張れる」

と三十六歳の茉莉は、二歳年上の恋人と、まだまだこの恋を継続している。あのまま、部屋を借り続けていたら、恋は破綻していたかもしれない。

「また、部屋を借りることも考えているけど、もう合鍵を渡すことはしないの」

と、茉莉は笑った。

もし、彼に合鍵を渡したことで、あなたが〝都合のいい女〟になりかけているなら、次回の契約更新の時期に引っ越しを考えてはいかがだろうか？

この恋は、不倫の恋だ。夫婦の生活ではないのだ。

それでも、ふたりの愛が確かなものとしてお互いを信頼し、関係を育むという覚悟のもとで始まった恋であれば、ガラス張りでいいではないかという感覚と矛盾するという意見もあるだろう。しかし、互いを信頼し合うからこそ、踏み込まない聖域《サンクチュアリ》を大切にしたいと思う。

ホテルの達人になろう

不倫の恋において、愛を育む場所はどこがいいのか。実はいつも悩むテーマのひとつである。

独身のひとり暮らしの女性の部屋も、彼がそこに入り浸ってしまうのは、あまり好ましいことではないことは、前の項目で述べた通りである。

もちろん、実家暮らしの女性であれば、ふたりきりになれる場所を、彼女の部屋には求められない。

かといって、あわよくば、誰もいなくなった夜更けのオフィスで……なんてシチュエーションは言語道断だ。いつどこで誰に目撃されるかわからないし、ＩＴで入室記録などが管理され、監視カメラだらけのセキュリティーの行き届いた最近のインテリジェントビルは不倫の恋の場所にふさわしくない。

今どきでも、昔ながらのオフィスラブを可能にするのは、セキュリティーの甘い雑居ビルか、ワンルームマンションを借りてひとりで仕事をしているフリーランスのアーティストやクリエーター、WEB関連のプログラマー、投資のトレーダーとかそういった職業だろう。でも、恋は職業を選ばない。

経済的に余裕があれば、ふたりだけの時間を過ごすために、部屋を借りるという手もある。東京の港区にあるような長期滞在者向けに、外国人も暮らしている家具付きでお掃除サービスも付いているようなリッチなアパートメントには憧れるが、しかしそれは、よほどのセレブに限られたことだ。

平均的な庶民生活の中で、不倫の恋を楽しむ場所は、やはり「ホテル」ということになる。ホテルといっても、いろんなカテゴリーがある。ラグジュアリーな高級ホテルは、非日常性が高く、心が豊かになれるから、ふたりの記念日などには、愛を盛り上げる演出効果も大きい。

幸運にもバブル時代には、既婚者であっても恋をしようという殿方のふところ事情には余裕があった。デートといえば、まず洒落たカフェバーで待ち合わせ↓有名シェフのいるレストランで食事↓シティホテルのバーで食後のカクテル（そこで、彼はさりげなく席をはずして、部屋を確保）↓そのままお泊まり（彼は先に深夜帰宅）↓私は朝食をとって帰る（実家には、女友達の家に泊まったということにして）という優雅なコースを過ごしていた。それくらいは男の甲斐性と、悠然とかまえていたのだ。

しかし、バブルの時代であっても、毎回ずうっと、ラグジュアリーなホテルを利用するのは、私の庶民感覚からすると気が引けた。

今の世知辛い時代はなおさらだ。もし、ゴージャスなホテルデートが数回続いたあと、彼が次のデートにちょっと時間を置こうとしている気配を感じたら、空気を読んで、さりげなくヒントを提示してみてはどうだろう。

インターネットを駆使すれば、ホテルに関しては、意外な穴場に、お得なプライス情報を探すことができる。私は、いっとき、テレビの番組制作で日本全国のロケに同行する仕事をしていたので、全国のホテル事情には詳しくなった。都市部もあれば山間の町、海辺の町、離島にも行ったが、予算が限られているので、基本、制作費でまかなえる宿泊代は食事代込みで一泊一万以下。できるだけ節約するために、事前にネットで一円でも安いホテルを探し、残った予算はおいしい食事にまわそうと血眼になっていた。このところ、海外からの観光客も増えてホテルは予約が取りにくく、また価格設定も上がってはきているが、時間をかけてネットで調べれば、穴場情報は全国にいくらでもみつかる。

私が出張に利用するのは、ほとんどがリーズナブルなビジネスホテルだったが、いまどきは、内装のセンスが良く、機能が整っていて使い勝手が良いホテルが増えた。シングルルームのベッドも少し大きくて居心地もよく、カップルで利用できる場合も多い。よって、不倫の恋にこそ、いまどきの、より使い勝手がよくなったホテルを十分に使いこなすべきだと私は思う。

ビジネスホテルだけではない。ねらい目は、かつての有名なシティホテルがリニューアルして、廉価なキャンペーンをしているときだ。案外、ビジネスホテルよりもリーズナブルだったりもする。ルームサービスのメニューが充実していたら、それも上手に利用したい。

最近は、ホテルの同じ建物や敷地内にコンビニが併設されていたり、近くのコンビニで食料調達がしやすい状況が多いので、ホテルを利用するデートでも、彼のお財布事情に随分やさしくなっている。ただ、持ち込むとはいっても、ラブリーなシチュエーションを盛り上げる小道具だから、レジ袋に詰め込んだ、あまりに生活感の出る飲料や、おつまみよりは、ちょっと高級感のあるオードブルやチーズにワインなどにこだわりたい女心を、彼にもわかってほしいと思うのだが――。

もうひとつ、不倫のカップルに嬉しいサービスは、都心の一流のシティホテルにもある手ごろな〝デイユース（泊まりなしの短時間利用）〟だ。

デイだから、基本は昼間である。前日の宿泊客がチェックアウトし、当日の宿泊客がチェックインするまでの数時間を利用する。繁忙期でない時期は、ホテルの予約の埋まり具合によって、昼間だけでなく、夕方から夜にかけてもデイユースを実施してるホテルもある。従って、昼間に仕事を休めない、社外に出られないカップルは、就業時間が終わってからのホテル利用も可能だ。場合によっては九時、十時まで滞在できることもある。これなら、終電にも十分間に合うし、余裕のデートが楽しめる。

とはいえ、いつもケチケチしているのはあまり楽しいものではない。

ホテル利用にもメリハリが必要だ。

たまには、違うシチュエーションで気分も変えたい。一点豪華にというなら、なにかと窮屈な思いをしている私達にお薦めなのはオーシャンビューのホテルだ。

窓から海が見えるホテルは、心を癒す。窓外には青い空と海しかない。大きな窓際に、猫脚のバスタブがある部屋もあれば、バルコニーにジャグジーを備えた贅沢な部屋もある。いつも人目を忍んでいるふたりが、誰に遠慮することもなく、生まれたままの姿で羽根を伸ばせるというのは、なんと開放感に満ちたことか！

オーシャンビューというと、リゾート地のホテルと思いがちだが、都心からちょっと足を延ばして行くベイサイドにも、オーシャンビューの部屋を備えたホテルはある。猫脚のバスタブや、バルコニーのジャグジーがなくても、海の景色が眼下に広がっていればいい。

ところで、多くの男性は、実は不倫ビギナーだ。ずっと真面目に平穏な家庭を営んでいた男性であれば、ホテル通であるよしもない。最近は、ネット予約によって、確認のメールが送信されてきたり、彼のスマホにダウンロードした予約アプリに情報が残るのも危険極まりない。

不倫の恋において、危険をはらんだ煩わしいことは少しでも軽減したいし、ストレスも増やしたくない。できればネットでのホテル検索から、予約まで、彼に全部負担をかけるより、こちらから、さくさくと検索した情報を提示しながら手伝った方が、彼のデートに対するモチベーションも上がり、ずっと意欲的になるだろう。

もっとも、女性がホテル通だと、男遊びに慣れている女と勘違いされそうで、抵抗があるかしれないが、働く女性たちにホテル通は多い。自分へのご褒美と称して、週末のホテルライフを好んだり、女子会プランなどを上手に活用しているからだ。

そんな体験談を彼に話せば、安心して彼女にホテル選びを任せる気分になるだろう。

その中には、ラブホテルがあってもいい。最近のラブホ事情も大きく変わってきている。

昔ながらの連れ込み旅館的なタイプから、女子会のカラオケパーティにも利用できるような清潔感溢れるお洒落なラブホもあるので、彼の冒険心が高まったら、ラブホに挑戦も悪くない。

ただし、彼に不倫の常習みたいな誤解を与えてもいけないので、最初のデートからラブホを選ぶのは控えておきたいし、仮に、これまでもラブホに行ったことがあるにせよ、初めての冒険であるという振る舞いを心がけたいものだ。

さて、情報収集への好奇心や危機管理という点でも、ホテル選びや予約など、彼に代わって女性がするほうがスムーズだったりするので、ついつい任せっぱなしの楽ちんさに、彼があぐらをかいてしまい、仕切ってもらって当たり前だと思っているようなら要注意。そんな彼にとって、こちらは単に都合のいい女になってしまいかねない。

まさかと思うが、もしも、ホテル代を先に女性が立て替えたとしても、それを当たり前に思ってるとか、ホテル代を出すのを渋るそぶりを見せる……などという態度を垣間見たら、即断で、この恋は終わりにすべきだろう。

いまどきの若者のデートはカップルで割り勘も少ないというが、不倫の恋は違う。これは大人の恋なのだ。大人の恋に必要な男の甲斐性というものを、忘れてほしくはない。

女だって、それにちゃんと応えているのだから。

恋において、男女はフィフティ・フィフティだという考えを、単に数字上のイーブンだと誤解してほしくない。

ダンディ&エレガンス

不倫の恋は、決して日陰の恋ではない。ハレの恋として、愉しみたい。日常の延長ではなく、日常とは切り離した時間と空間で新たに創り出すロマンスなのだ。

東京の港区には、不倫の恋にも優しいテロワールがある。

テロワールというのはフランス語で土壌のこと。単に土の性質にとどまらず、気候や地理的条件などの周辺環境も含めた〝土壌〟という意味で、ワイン用語としてしばしば語られる。たとえば、「このブルゴーニュの赤ワインは、ぶどうが実ったテロワールの条件がとびきり良いので、ワインの味もひときわ美味しい」という風に。

大人の男女が繰り広げるロマンスの舞台を、恋のテロワールと捉えたら、東京の港区には、成熟した生育環境があると思う。西麻布、南青山、白金、赤坂、乃木坂、汐留……お洒落というイメージが伴うデートスポットは、昔も今も港区に集中している。

世の中はまだ、バブル時代と呼ばれた懐かしい思い出の中に、私はいた。

あのころ、私が恋をしたのは、年齢がひと回り以上離れた既婚者で、食べ歩きが大好きな彼であった。

待ち合わせに使っていたのは、港区の溜池にあるシティホテルのロビーだ。吹き抜けを見上げると、バルコニーのように突き出したメザニン（中二階）にラウンジバーがあり、そこでいつも恋人を待った。

明るいティールームと違って、メザニンのバーはちょっと人目につきにくく、恋人たちにとって恰好の待ち合わせ場所だった。夜も六時、七時ごろになると、いろんなカップルがメザニンで落ち合って、どこかに消えていった。たいてい女性は、当時流行していたデザイナーズ・ブランドで装い、ワンレンの長い髪に少し派手目なメイクをして、みんな華やかだった。男性は髪の毛にちょっと白いものが混じるダンディな出で立ちが多かった。男性の左手薬指にはリングが光っていて、女性とは夫婦ではない大人の関係ということは一目瞭然だったが、みんな堂々としていた。

当時、私たちはタクシーに乗って、食事に出かけた。

彼が運転手さんに「霞町まで行って」と告げると、タクシーは西麻布の交差点に着いた。ここはかつて「霞町の交差点」と呼ばれていたが、若いころから港区で遊び慣れた男たちは、旧い町名をさりげなく会話の中で使っていた。

西麻布の交差点の東側の旧町名は〈麻布霞町〉で、西側を〈麻布笄町《こうがい》〉といった。ちなみに六本木ヒルズ付近は〈麻布材木町〉、新国立美術館付近は〈麻布龍土《りゅうど》町〉、麻布台あたりは〈麻布飯倉町〉とか〈麻布飯倉片町〉……。

麻布界隈は都心にあって〝陸の孤島〟とも呼ばれている。悪い意味ではない。いくつか地下鉄の駅もあって徒歩圏内ではあるが、評判のいい料理店は、なぜかどこの駅からも近くない場所に点在していた。こういう場所へは、タクシーでさっと乗り付けてエスコートしてもらえると、恋愛アドレナリンがいい具合に吹きだしてきて、女心をグイグイ刺激した。

そこは看板のない隠れ家レストランだったり、雑居ビルに紛れた扉の外からは想像できないような紹介制の小洒落たダイニングバーだったり、見落としそうな暖簾がうっすら灯に浮かぶ細い路地裏の割烹だったり――。

外苑西通り沿いに青山墓地の向かいにすし屋さんがある。小さく「鮨笄《こうがい》」という看板が出てるが、ここに連れていってもらったとき、まだ若かった私は漢字さえ読めなかった。彼から店名の由来は昔の町名だと知って、またひとつ物知りになった。

「笄はかんざしのことだけど、実は昔、この界隈には忍者が住んでて甲賀・伊賀（＝コウガ・イガ）が訛ってコウガイになったって説もあるんだよ、ね、大将？」

大将は笑って、その日一番のおすすめのネタを握ってくれた。

町名の由来にはいろんな説があり、忍者説も否定はされていない。嘘か真かは別にして、こういう洒落話がさらっと出てくると、またまた彼のダンディ度を上げてしまう私だった。

あのころはまだ、アラサー（アラウンド・サーティ）という言葉はなかったが、私はまさにアラサーで、背伸びをしてでも大人の女性を装いたい願望でいっぱいの年ごろだった。だから、回転寿司しか知らない若者よりも、寿司屋の大将と世間話をしながら、豊かな時間が過ごせる彼にいざなわれるデートの方が魅力的だったのだ。

もっとも、彼も生粋のダンディではなかった。彼なりの憧れのダンディズムがあり、情報を収集し、勉強し、精進したいというタイプだった。ときおりにわかな学習がおぼつかなくて、あぶなっかしいほころびも見せてはいたけど、そういう正直で飾らないところも私は好きで、努力家の彼を愛おしく思っていた。

ダンディズムに精進する彼を見習って、私もエレガンスを身に着けようと考えた。エレガンスは日ごろの私の生活の対極にあるもので、どちらかというと、普段はガサツで、粗《そ》忽《こつ》で、頓着《とんちゃく》ないタイプの自分だが、あえてシックで、優雅で、気品のある大人の女性に少しでも近づこうと知恵を絞り、努力した。

スッピンではなくきちんとメイクすること、ジーンズを脱いでスカートをはくこと、ぺたんこの靴ではなくヒールの高いパンプスを履くこと、髪の毛をストレートに長く伸ばすこと、爪を磨くこと、ダイエットを怠らないこと、走らず優雅に歩くこと……などを始めていくと不思議なもので、読む雑誌が変わり、好きな作家が増えて、観る映画や芝居、聴く音楽も変わり、今まで興味のなかった分野のアートに惹かれたり、見かけだけでなく、自分の中の感性が広がっていき、心に栄養がたくさん貯って、新しい自分の発見につながっていった。

もっとも、この恋も季節がひと巡りしたころには終わってしまった。私が彼を好きになりすぎて、結婚を夢見るようになってしまったのが原因だった。彼は、私を愛してくれたし、恋をとても楽しんでくれたが、離婚してまでこの恋を貫く気持ちはなかったのだ。私は辛すぎる気持ちに終止符を打って、新たな恋にかけた。

短かった恋だが、私はこの恋を楽しんだ。傍目から見たら、バブルに浮かれて、恰好つけてただけで、ちょっと滑稽に見えたかもしれない。でも、そんなことは私達にはどうでもいいことだ。ダンディズムとエレガンスを求めて、ふたりで作った新たなロマンスは、思い出の中に確かな形として生き続けているのだから。

今でも霞町界隈を歩くと、夢の時間に流れた甘い匂いが甦る。相変わらず、この街には、大人の恋を育む上質のテロワールが進化しているのを見ると、いまどきはどんな恋の味が熟成するのか、再び味わってもみたくなる。

時代は過ぎ、リーマン・ショック後は、世の中はますます〝格差社会〟での二極化が進んでいる。世の荒波を跳ね返し、イケイケドンドンの勝ち組と言われるセレブ族も健在だし、反対にお金に執着せず飾らない生活に、幸せの価値観を見出す人たちもいる。だから、大人の男女の恋の生育環境に何を選ぶか、その選択肢ももっとたくさんあるはずだ。

当然、恋のテロワールは、東京の港区だけに限らない。都会でなくてもいい、誰も知らないようなとっておきのテロワールを見つけて、ふたりで耕して、新しいロマンスを生み出してみたらどうだろう。

会えない日には

「会いたい」――恋するふたりの当たり前の感情を、不倫の恋は引き離す。

いつでも恋人に会いたい人は、この恋には向かない。いつもそばに彼はいないし、会えない日が多いのだから。

不倫の恋を続けていくには、会えない時間は、愛を育むと思う寛大で鷹揚《おうよう》な気持ちが大切だ。

彼は既婚者だ。妻子のために家庭サービスは優先される。当然、週末は会えない。自分達の記念日――誕生日、初デートの記念日、それからクリスマスやバレンタインデーなどを、彼とふたりで祝いたくても、家族との行事が優先されたら、彼には会えない。

行事だけではない。日常生活のあれやこれやで、男手が必要なときにも、彼はいないと思った方がいい。

たとえば週末に、通販で買った収納家具を組み立てようとする。説明書には一人でできるように書いてはあるが、どうしても男手があったほうがいいと思っても、急に彼を呼び出すわけにはいかない。今度、彼が部屋に来るまでに、新しい収納場所に家具を取り付けて、きれいに片付けておく予定だったが、散らかったたまま、未完成の家具を晒したまま、彼を待ち続けるのは、なんとも情けなく寂しいものだ。

もし、家具の組み立て中にうっかりぎっくり腰をやってしまったら悲惨だ。湿布薬を貼ってくれる人もいなくて、うまく貼れないと、痛さに加えて虚しさがつのる。

それでも、彼に会える日を楽しみに、辛抱して待つことができたら、だんだん、この恋の熟練者になっていく。

さらに、楽しみにしていた約束が、突然、キャンセルになることも覚悟のうえだ。張り切って、彼の好きな料理を作って待っていたのに、ドタキャンになった、という類のことはよくある。その理由が「急な残業」ではなく、「子どもが熱を出して、夜間救急に連れていくので、今日はそっちに行けない」というような、家族の緊急事態であれば、とても切ない気持ちになる。もし、彼の奥さんが急病と聞かされたら、もっと複雑な気持ちになるだろう。でも、そんなときでも、私達は「こっちは大丈夫よ。奥さんに付いていてあげてね」と言う。それが切ない女心の裏返しなのだ。

ドタキャンでも、ひとこと電話なりメールがくればいい。ところが、パタっと連絡が途絶えることもある。そんなときは、心配する気持ちに耐えきれなくなって、つい自分から連絡をとろうとしてしまうだろう。でも、ここでひと呼吸して冷静になりたい。彼自身は大丈夫でも、彼の家族に関することや、身近なところで何かしらの問題が起きて連絡が取りにくい状況なのだと、自分に言いきかせよう。彼の心に余裕ができたら、必ず連絡してくるのだから。ずっと待つのが賢明なのだ。

奈津江はメーカー勤務のOL、三十四歳。数年前の出来事だが、異動になった企画開発部で、初めての海外出張となったときの話だ。ドイツで開かれる見本市などを視察する出張で十日程日本をあけるので、出発の日、彼が空港に見送りに来てくれる約束だったのだ。彼は、同じ会社の先輩。異動になる前のセクションでの上司だった。

「日曜日の朝に発つので、無理しないで、と言ったのだけど、ゴルフで成田方面に行くことが多いからって日曜でも大丈夫だっていうので、空港で会うことにしたんです」

海外支店のスタッフと現地で合流するので、ひとりで旅立つ出張。近場のアジアは格安パックで友人と何度か行ったが、ヨーロッパは初めて。しかもひとりでとなると、多少、緊張する。だから彼の見送りは心強かった。

普通のカップルだったら、彼が車で迎えに来て、成田まで送ってくれるのだが、家庭のある彼氏にはそれは望めない。とりあえず空港に来てくれるだけでも嬉しいという、健気な気持ちがこの恋の切ないところなのだ。

だが、搭乗時間が迫ってきても、まったく彼は現れない。スマホを手に待ち受け画面をじっと睨んで待っていても、彼からの連絡はなにもない。

「まさか、事故に巻き込まれたとか、心配でした」

だが、冷静な奈津江は自分から発信しなかった。そして、結局現れない彼のことを思い、後ろ髪をひかれつつ、ひとり旅発った。長い旅の間、よく眠れなかったという。

「でも、ドイツに着いた途端、スマホに着信があったんです。もう大笑い！」

家族にはゴルフに行くと言って出かけたのに、彼は肝心のゴルフバッグを車に積み忘れたのだ。家族から電話が入り、取りに戻ったので時間をロスした。それでも余裕があったはずだが、家に戻ったタイミングで、ちょうど出かける娘に「途中の駅まで送って」と言われたのがさらなる時間のロスを招き、おまけに渋滞に巻き込まれたのだ。なんとか、成田に着いたが、時すでに遅し。

「しかも、スマホは電池切れで、連絡しようがなかったっていうオチがつくの」

焦って、思いっきりテンパってる彼氏の姿が想像できて、憎めない彼氏だなと思った。

奈津江もそういう彼を、愛しいと思っている。

「だって、そうまでして、成田に来てくれたんだから、それだけでも嬉しいじゃない。ドジなんだけどね、まあ、よしとするかって」

だから、そういう残念なことがあっても、奈津江と彼は愛を深めていく。見習いたいものだ。

私は修行が足りなくて、過去に大きな失敗をやらかしたことがある。その彼は、連絡はけっこうマメにしてくるタイプだったが、ある日を境に、ぷっつり連絡が途絶えた。電話もメールもなしのつぶて。

こういうときに何を思うかといえば、さては新しい恋人ができたか、私が嫌いになったかというよからぬことばかり。そして、久しぶりに連絡があったときに、私は「いったい、どんだけ、待たせたるつもり?」とブチ切れ、醜態をさらしたのであった。彼は、「仕事が大変で」といった事情を述べていたが、私にはまったく耳を傾ける余裕がなかったのだ。

思えば、私は彼のことが、好きで好きでたまらなかったからしでかした、裏返しの行為だった。放っておかれたことに耐えられなかったので、理性のタガがプチンとはずれて、爆発してしまったのだ。

今ならもう、そうはしない。きっと冷静でいられる。この恋にはドタキャンもあり、連絡の取れないこともあり、会えない長い日が続くこともあるから、辛抱もできる。だって、愛があれば、必ず、会いたいと連絡があるはずだから――。

あのころに比べたら、ずいぶんとタフになった私は、たとえば、予約したレストランに、仮に男性が現れず、申し訳なさそうにショートメールでドタキャンを詫びてきても、「ひとりでもしっかり楽しむから大丈夫よ」とか返信して、ハンサムウーマンぶりをアピールできるだろう――と、自慢げに言ったら、この道十年のベテラン冴子にまた釘をさされた。

「だめだめ。そういうのって、聞きわけがいい女でなくて、一歩間違えると都合のいい女になるから」

そうなのだ。「放っておいてもあいつは平気なんだ」と思わせては、彼の思い通りに振り回されてしまう危険性大だ。

文句を言ったり、わがままを言ってはいけない――は大原則だが、常に彼にとって、放ってはおけない愛すべき女性でいつづけなければならない。

そのためにも、会うたびに魅力が増して、彼の心を虜にするように、自分磨きを怠らないようにしたい。

余分な贅肉が付かないようにシェイプアップしたり、肌つやのためにマッサージをしたり、本を読んだり、音楽を聴いたり、感性を磨いて内面も豊かにしておきたい。

そんな向上心のある彼女の姿を目の当たりにすれば、彼の恋心が燃えないわけはない。

彼の都合で、しばらく会えなくて、久しぶりにようやく連絡があったら「よかった、声が聞けて！」と涙声で言ってみよう。そして会ったときには、涙のひとつでも、つーっと流して見せよう。

いや、演技でそうしようという姑息なことを言ってるのではない。

昔流行った歌の文句ではないけれど、本当に、心から愛していたら、会えない時間が長いほど、確かな愛を育てるものだ。だから会えたとき、嬉しさがふくらんで、自然と美しい涙が流れるだろう。

恋における冒険を楽しむには

不倫の恋は冒険である。

危険をかえりみず、妻子ある男性との恋に生きようというのがそもそも冒険なのだから。

そのうえ、いつ、どこに、誰の目があるかわからない状況でデートを重ねている。レストランで、映画館で、ホテルで、旅路で……。

冒険はリスクを伴うものであるが、冒険を楽しむには、忍者のごとき忍術がいる――それは、存在を消すこと。といっても、ドロンと姿を消すことはできないわけで、ここでいうのはいかに〝恋人オーラ〟を消すかという術である。

たとえば、新幹線の中で恋人つなぎの手を曝したまま、居眠りをするなどという、あからさまな態度はもってのほかということだ。

あるとき、私は成田空港の搭乗口でミラノ便のボーディングを待っていた。

そのとき、目の前の椅子に、どこかで見たことのある女性がひとりで雑誌を読んでいた。

ニット帽をかぶってサングラスをしていたが、彼女はいっときあるテレビ番組に出ていたので、私はすぐに気がついた。大スターではなかったから、人々の記憶からは消え去った存在だったが、今でも、雑誌や新聞でときおり彼女の結婚生活をのろけたような記事や写真を目にすることがある。私もマスコミ業界で仕事をしているが、面識はなかったので、むこうはこっちを知らないわけで、私が見つめる視線を気にする様子もなかった。

誰も同行せずに、ひとりでミラノに行くのだろうかと思っていたら、彼女からかなり離れたところに、とある中年男性が、ぽつんと立っていた。彼は一般には顔は知られていないが、マスコミ業界ではその名を知られた某プロデューサーだった。もちろん、業界といえども面識のない人はたくさんいるので、彼は私の視線にも気づいてないようだった。

「あれ？　確か彼女が出ていた番組は彼が制作したはずでは？」

私は、いきなり妄想をふくらませた。もしかして、彼女と某プロデューサーの不倫旅行ではないのか？

搭乗後も、彼らはまったく別々のシートに座っていて、近づいて話すこともなかった。もしかして、本当に偶然にふたりが乗り合わせているだけかもしれないと、思ってもみたが、ミラノに着いてから、私の妄想が当たっていたとわかった。

スーツケースをピックアップして、タクシーを待っていた彼女は相変わらずずっとひとりだったが、彼女がタクシーに乗り込むときになると、どこからともなく、某プロデューサーが現れて、さっと同じタクシーに乗り込んだのだ。あっという間の出来事で、なんと、あざやかでスマートなことかと、私は感心した。

成田から、ミラノまで旅の道中、まったくカップルの気配を消して、目立たぬように、かつスマートに振る舞っていたこのふたりを思い出し、私も恋人とデートするときは、その心がまえを見習うことにした。

とはいえ、週刊誌やテレビのワイドショーにマークされるほどの有名人でなければ、これ以上の予防線を張らなくてもいいだろう。

人目をはばかって、新幹線や飛行機の席を遠く離したり、便を変えたりするのは危機管理としては、間違ってはいないが、長い移動の時間に、隣に愛する男性が静かに座ってくれているだけで、心がほっこり温まる。その時間も、会う時間が限られている恋人達にとっては大切なひとときだ。

世の中、恋人ではない男女がふたりで行動することは多々ある。出張に行く仕事仲間なら、堂々と隣同士の席に座っていくことだろうし、同僚を助手席に座らせて、車を運転することもあるだろう。だから、たとえ恋人同士であっても、はた目には恋人同士に見えないよう、きちんと振る舞えばいいだけのことだ。恋人オーラを消して堂々としていればいいのだ。ただカップルはどうしても油断をする。ついつい魔がさして恋人としてあからさまな態度を取ってしまう。人目があることを何度も、自分達に言い聞かせて、注意を怠らないでほしい。

いまどきは、誰でもSNSで旅先の写真をアップしている。背景にたまたま映り込んだのが、不倫カップルが仲良く腕組む姿で、それが知らず知らずのうちに拡散するかもしれないという、まことに怖い時代だという認識を十分に持つべきだろう。

そんなことをいう私にも、焦った経験がある。

彼と一緒に美術館でデートをしていたとき、突然、彼が声をかけられた。どうやら、昔からの知り合いで、あちらは夫婦連れだった。

「久しぶり、奥様は元気？」

という会話が聞こえ、そのうち、彼の妻を呼び出して、これから四人で飲もうかという話になっていった。私は、そっと、彼らの前から遠のき、彼が知人夫婦と美術館を後にするのを見送っていた。

幸い、彼の知人夫婦は私の存在には気が付かなかったらしい。私と彼は、それぞれのペースで作品を観て回っていたので、彼が声をかけられたとき、私はその声が聞こえる距離にはいたけど、そばにいなかったのだ。

私達は不倫の関係ということもあって、人前で腕を組んだり、手をつないだりしたことはなく、なんとなくある距離を保って存在することを意識はしていたが、やはり知らず知らずのうちに、油断するときもあり、脇が甘くなっているときもあった。美術館の出来事は、タイミングが悪くなかっただけの、偶然の幸運だったので、あとから考えて冷や汗が出た。

もうひとつ、彼の家に泊まりにいくという冒険も体験した。

いつもは、たいてい行きつけのビストロで食事をしてからホテルでデートというコースがお決まりだったが、あるとき彼から、「今夜はうちに来る？」と言われたのだ。驚いたが、妻子は留守なのだという。ちょうど春休みで、妻が子を連れて里帰りをしているときだった。

彼の家を見てみたい、という興味はあった。彼も、妻のいないときに、思い切った冒険がしたくなったのだろう。

彼の住まいは、都心にある中古マンションで、当時は、セキュリティーもゆるかったから、エントランスやエレベーターに監視カメラはなかった。それでも、誰に会うかもしれないので、私は彼が帰宅した五分後くらいに、マンションに入って彼の部屋に向かった。その間、かなりドキドキしたが、幸い誰にも会わずにたどり着き、鍵のかかっていないドアをそおっと開けた。

その夜は東の空が薄明るくなるまで彼の部屋で過ごした。夜明けのコーヒーを飲んで、早朝の静かな住宅地を歩き、最寄りの駅に向かった。

彼には「楽しかった」と言って家をあとにしたが、この冒険はあまり後味のいいものではなかった。

男性は、女性が暮らす部屋に来て「落ち着くんだよね」となごむけど、私は落ち着くどころか、緊張の連続だった。抜け落ちた髪の毛はないか、香水の残り香が沁み込んでないか、口紅の跡がどこかについてないか、などと始終気を遣っていた。それはまるで、忍びの者が形跡を残さないようにするがごとくであった。

家に帰ると、私はかなり落ち込んだ。それは、彼が築いた家庭をこの目で見てしまったからだ。

彼の寝室はダブルベッドではなかったが、シングルベッドが並んでいた。妻のベッドはきれいにベッドメーキングされ、ベッドの間に置かれたサイドテーブルに、女性が好みそうな小説が何冊か積まれていた。

微妙な印象だった。夫婦仲が冷えているとは思えない、案外仲がいいのかもしれない。妄想力を働かせるのが好きな私だが、あまり想像はしたくなかった。寝室には、ふたりが培ってきた夫婦の匂いがして、妻の居ぬ間に彼のベッドに潜り込んで寝た私は、なんだか寝心地が悪く、罪深い気持ちになったからだ。掃除の行き届いた居間、きれいに片付いていたキッチン……彼の家には幸せな家族の匂いが立ち込め、そこに温かささえ感じた。

実は、この感情に耐えられず、彼の家にいるときから涙が出てきたのだが、私は彼に気づかれないように涙を隠し続けた。

やってはいけない冒険をしたと私は思った。冒険は楽しいことだけにとどめ、彼の家庭など、絶対に冒険すべきではないと悟った。

その際、大切な忍法は〝感情操作の術〟である。やるせない、辛い思いをぐっとこらえて、ひたすら、恋の冒険を楽しむことだけに、身をやつすのである。

第3章

葛藤の作法

恋につきまとう嫉妬、疑い、不信感、
愛に重くのしかかる悩み・苦しみを
放置すると、事態は深刻になる。
辛い気持ちを乗り越えていく作法とは——。

ジェラシーはどうコントロールするか

不倫の恋の場合、〝彼の妻〟に対するジェラシーが常につきまとう。

彼は〝私〟と〝妻〟とどちらをより愛しているのだろうか――彼と会っているときも、彼と会えないときも、毎日のように考えている。

ベッドの中で愛し合うときに彼は言う。

「家ではしてないよ。君とだけだ。こんな気持ちになれるのは、君だけなんだ」

嬉しい。素直にそうだと信じたい。でも、本当にそうなのだろうか。ジェラシーは消えることなく、頭の中をずっとかけめぐる。

清香《きよか》は三十五歳。同じ職場の部長と交際して二年になる。清香は異動になって新しい部署にきた上司のサポート役をうまくこなして、なにかと頼りにされる立場だった。会社から帰宅する際、彼とは行き先が同じ地下鉄を使うこともあり、親密になるのは意外と早かった。

十四歳上の彼には、十五年前に職場結婚をした一歳年上の妻がいる。妻は結婚を機に退社した。八年前に転職して今の会社に入った清香は、彼の妻を知らない。だが、古くからいる職場の仲間がときおり話題にするので、彼の妻のイメージが、清香の中にできあがってしまっている。

「清楚な美人」「聡明であねご肌」「子どもの教育に熱心」……。陰口はなく、評判はとてもいい。それどころか、「部長は、奥さんにひとめ惚れだったから」などという、清香の心をざわつかせる話題も耳に入ってくる。それでも、彼に直接「奥さんてどんな人なの?」と訊いたことはない。

「私、関係ないから、っていう顔をしていたいんです。興味がないふりをしてます。やせ我慢ですけどね」

同感だ。私も清香と同じように訊かない。ほんとうは訊きたくてしょうがないのだが、私も清香と同じように、ジェラシーのないふりをしてきた。この恋を長く続けていくために、そして彼の気持ちを少しでもこちらに向けるためには、やきもちを妬かない女でいようと思った。

私が恋した相手は、職場も違っていたし、共通の知人も少なかったので彼の妻がどういう人か、なかなか輪郭が見えてこなかった。だから彼との会話の中で、さりげなく探っていくしかなかった。

たとえば、彼の服装に目がいく。毎朝、誰がコーディネートするのだろうと思って、「センスがいいわね。ネクタイの趣味」と褒めてから、「あなたが選ぶの？」と訊いてみる。「えっ、まあ、そうだけど」と一瞬とまどった顔になったら、「ははん、奥さんが選ぶのね」と確信する。そして、頭の中では「下着のトランクスも奥さんの好みなのかしら」と、考えている。

私の手料理を褒めてくれた彼に「家ではあなたも作るの？」と訊く。もし彼が「いや、料理はしないよ」と答えたら、「そうか、奥さんは料理が得意で、台所には誰も入れたくないタイプかしら」と想像し、料理自慢を口にする彼であれば、彼が家で家族に手料理をふるまう光景や、妻と仲良くキッチンに立つ姿を想像して、嫉妬する。

清香は、彼の前では「奥さんのことなんか関心ないから」という態度を取っているが、実は恋人の妻や家庭のことにやたらと詳しい。それは彼の妻が熱心に書いているブログをくまなくチェックしているからだ。

「ブログで見た彼の奥さんは噂通りの清楚な美人で、ため息が出ました。書かれている内容は、趣味でやってる染色のことが多いけど、週二回、駅前のパティスリーでパートをしていて、美味しそうなパンを宣伝する写真があったり。それから家族旅行の写真もアップしていて、当然彼と一緒に写っている姿もあって、やっぱり腹立たしくなりました。この人は家では普通に良き夫、良き父をやってるんだなあ。私は彼の人生の中で、やっぱり存在しない人なのかしらって、なんともやるせない気分になりました」

わかる。彼の生活の中に、私という存在はない——そう考えると、不倫の恋は、現実の中に閉じ込めた仮想空間のようにむなしい。そして猛烈なジェラシーにおそわれる。

彼の妻の顔を目の前で見てみたい、どんな生活をしているのか、知りたい。それは不倫の恋に生きる女性達なら誰しもがそう思うだろう。

しかし、ジェラシーもほどほどにしないと、危険なことになる。ネット上で見るだけでは気がすまなくなって、彼が家族と暮らす家を覗きに行くとか、妻のパート先に客のふりをして行ってみる……エスカレートすれば、ストーカー行為になりかねない。彼がそのことを知ったら、たちまち彼の心は離れ、恋も失うことになる。

どんなに気になっても、彼の家庭とは距離を置いて、触れてはならないと肝に銘じていたほうがいい。

しかし、彼の妻と会う状況を避けられないこともある。

清香の職場では、「今度、部長の奥様が染色の個展を開くそうよ」と話題になっていて、同僚のＯＬ仲間に誘われて見に行くことになったのだ。

「部内で最年長の先輩が、彼の奥さんと同期で、部の女子全員で行きましょうって仕切りはじめたんです。彼は困ったなあという顔をしていました。彼とこっそりやってるチャットで〈大丈夫？〉ってメッセージがきたので、ＯＫマークのスタンプは返しましたけど」

個展の会場に行けば、当然彼もいるわけで、清香としては行きたい気持ちと、止めておこうと迷う気持ちが半分半分だった。とはいっても、みんなが行くのに、自分だけ行かないわけにもいかないし、反面、彼の妻が、どれくらい清楚な美人か、そばで確かめてみたいという気持ちもあった。

「内心はドキドキでしたよ。奥さんは今年五十歳ですけど、ブログの写真よりも実物はもっと若々しいし、しかも、すごく謙虚で、感じのいい人だったから、私、完全に打ちのめされました」

清香にとっては、目の前で、彼と妻のツーショットを見てしまうというのも辛いものがあった。

「一緒に暮らしているんだから、仲良くて当たり前なんですよね。動揺しないように頑張って気持ちを抑えたけど、涙が出そうになって正直、辛かった」

ジェラシーの対象である限り、いつも彼の妻と自分を比べてしまう。その気持ちは複雑だ。自分より〝いい女〟であるという事実——認めたくないが、なんとも割り切れない気持ちになる。

もっと腹立たしいのは、魅力のかけらもない人だった場合だ。疲れて外見をかまう暇もないのか、眉間にしわを寄せて、やつれた顔をしていたら、がっくりする。それは、彼の妻に対してではなく、彼自身にである。家庭において、緊張感のみじんもないだらしのない生活や、鬱積のたまった生活をしているのかと、彼に幻滅してしまうからだ。

私の経験はまた違ったものだった。彼と共通の知人の結婚式に招かれたとき、彼は妻子とともに現れた。「あれ、私に似てるかも」というのが第一印象だった。私よりもスレンダーで、大人の女性だったが、なんとなく、私と同類の匂いがする女性だった。似ているというのも、嫉妬心をかきたてる。しかし、これは彼の〝審美眼〟が選んだことだからと自分に言い聞かせると、どこか憎めなくなった。ライバルは漢字で「好敵手」と書くが、まさに、負けず劣らずという存在となって、へこたれてたまるかという気持ちが強くなった。

「どっちが美人？」「どっちが可愛い？」「どっちが賢い？」「どっちがセクシー？」……

ほんの少し〝私が勝ってる〟と思いたいのが、この恋のど真ん中にいる女たちの本音だ。嫉妬心が、結果として自分の〝女磨き〟に良い成果をもたらすならば、良しとしようでないかと、思うことにしている。

それでも、どんなにこちらが頑張ったところで、彼が今の結婚を解消しようという気持ちがない限り、妻に勝つことはできない。さらに、子どもへの愛情は別もので、清香もそれは、身にしみてわかっているという。

「付き合いはじめたころ、デート中に、小さな子ども連れを見かけることがありました。そんなとき、彼が目を細める瞬間があるんです。ああ、この人は子煩悩なんだなあとわかりました」

彼には小学生の子どもが二人いる。これから思春期を送る子どもたちを悲しませるようなことはしないだろうと清香は気づいた。それでも、長く付き合ってきたのはなぜか。

「ジェラシーはあるけど、前に比べて上手にコントロールができるようになったからかも。それに、奥さんの展覧会に行ったことで、彼が変わったんです。うぬぼれた言い方ですけど、私はもっと彼に愛されるようになったという実感があります」

と、清香は笑った。清香が他の同僚女子に混じって、特に目立ったりもせず、妻の前でけなげに振る舞う清香が、彼の目にも愛おしく映ったはずだ。

清香は、いっとき清楚な大人女子を意識した雰囲気を一生懸命漂わせていたが、最近は、清香本来の可憐な魅力を感じさせる雰囲気に戻った。清香の中で、彼の妻と競うのではなく、別の魅力を磨こうという意識に変わったようだ。これも、清香自身にふっきれたところがあって、自信がついてきたのだろう。この恋にストレスをためず、長く持続させたいと思ったら、ジェラシーをうまくコントロールすることだ。

くれぐれも嫉妬にかられて、度を越したストーカーにはならないように。

もっとも、いくら頑張っても、ジェラシーをゼロにするのは不可能だ。

不倫の恋の十年選手の冴子のアドバイスはこうだ。

「嫉妬の矛先を、彼の家族に向けるのはルール違反。矛先は、当然彼に向ければいい。ただ、一度にどかんと爆弾を投げるようなことをしたら、彼も逃げていくので、そこは小出しで。ふたりの関係には、ある程度のジェラシーも必要なの。〈こいつ、やきもち妬いているのか、可愛いな〉って彼を思わせるくらいがちょうどいいのよ」

大きく爆発・炎上しそうな嫉妬心に蓋をして、弱火で小さく燃やし続ける理性、これがコントロールの秘訣といえる。あくまで、小出しに、「私をこんな気持ちにさせて、こらこら」

と、わき腹をくすぐるくらいの可愛いジェラシー。それなら、彼も喜んでくれるだろう。

不倫の恋において、嫉妬心とどう向き合うか。コントロールがうまくできるようになったら、不倫の恋の上級者になれると思う。

修羅場を乗り越えて

修羅場とは、彼との関係が彼の妻の知るところとなり、「別れる」「別れない」で彼ともめたり、彼の妻を交えて、壮絶なバトルを繰り広げることだ。

だが、恋の経験を重ねていけば、修羅場はしょせん、醜いものでしかないことがわかるだろう。できるだけ修羅場のような壮絶な別れ方をしなくてすむように心掛けたい。

不倫の恋は、ふたりだけの世界だから、静かに慎重に愛を育んでいれば修羅場はやってこないものだ。

ただし、油断は禁物である。予期せぬ時に、まったく予想もしない形で修羅場がやってくることもあるからだ。

「緊急事態なの！　奥さんにバレたみたい！」

とヘルプを求めてきたのは、コピーライターの亜樹だった。彼女は三十三歳。七歳年上の彼と二年目になろうとしていた。恋人は広告代理店のアートディレクター。

亜樹もかなり慎重にこの恋を育んでいたから、バレるなんて意外だった。

デートの場所は亜樹が仕事場に借りているワンルームマンション。彼のオフィスからは車で三十分、自宅からは一時間以上離れているので、彼らの仕事仲間や家族に知られる心配もない。ふたりの連絡も、スマホには履歴を残さない習慣を守っていた。なのに、事件は起こった。

いつもはたいてい、メッセージでやり取りするが、この日はスマホの電話が鳴った。

そして、いつになく、彼の声は神妙で、「亜樹さん、妻にすべて知られました。もうお会いすることはないと思います」と、他人行儀に一方的にしゃべると切ってしまったのだ。

バレた原因は、彼のスマホで撮ったツーショット写真では、と亜樹は思った。紅葉を見にドライブにいったとき、いつもは亜樹のスマホで撮るところを、電池切れになって、彼のスマホで撮ったのだ。あとで亜樹のスマホに転送された際に「元の写真は削除したよね」とメッセージで確認したが、返事はなく、亜樹はいやな予感がしていたのだ。

「削除したつもりの写真が、どこかに紛れ込んで、何かの拍子にスマホの画面に現れてしまうことってありますよね。それを奥さんに見られてしまって、詰め寄られ、正直に話したのだと思います。彼の性格から、だいたい予想はつきます」

あっさりと認めないで、うまく取り繕うことはできなかっただろうか、と私は思った。

たとえば「紅葉の名所の素材にしたポスターを制作するのでコピーライターと一緒に取材に行ってきた。あのツーショット写真は、モデルのかわりのダミーだよ」とか……。

しかし、亜樹は彼について、こうも憶測した。

「もしかして、奥さんは、私のこと、とっくに疑ってたかもしれませんね」

ともかく、彼が妻に白状したのだから、後悔してもどうしようもない。嘘がつけない人間は、うまい言いわけができない。嘘がつきとおせないから、まずは「ごめんなさい！」と謝ってしまったのも、いかにも彼らしいと亜樹は言った。

では、このような事態に対してどうしたらいいのか、と私は亜樹と話し合った。そして、私が知る限りの〝不測の事態例〟をあげて考えてみた。

妻が夫の不倫を知ったとき、まずは、目の前で、彼女との連絡方法を削除させ、着信拒否にし、ブロックするだろう。怒りが収まらない場合は、スマホをお風呂に水没させたり、金槌で叩いてしまうなんてこともある。そうだとしても、いまは、通信会社の方で連絡先のバックアップをとっているから、情報は完全には消せないが、妻の怒りは少々手荒な破壊行為くらいしないと鎮まらないものなのだ。

妻にバレた夫達は、ひたすら反省の日々を送る。ある夫は、よほどの正当な理由がない限り、会社が引けてまっすぐ帰ってくるのは義務となる。たとえば、残業になっても、会社の上司に飲みに誘われても、二十分おきに電話をかけたり、どんな場所で周りに誰がいるかビデオ通話で知らせなさいという妻との約束にも従わなければならない。その上、家では妻は「家事放棄」を宣言をする。「あなたのためには食事は作りません、洗濯はしません、掃除もしません、何もしません」と言われれば、それに甘んじなければならない。

その一方で、彼は妻の監視が厳しい状況の中で、彼女とどうやって連絡を取ろうか、あらゆる手段を考えるだろう。

彼自身にとっても身から出た錆とはいえ、想定してなかったことが起こったので、気持ちを整理し、今後のことを考えるために多少の日数も必要かもしれない。

そこで、私は亜樹に「我慢して、三日待ってみよう。きっと連絡あるよ」と言った。

しかし、なしのつぶてだった。三日どころか一週間が経とうとしていた。するとようやく、彼から電話があったという。

しかも、今度は、「彼の奥さんが、一度私に会って、話がしたいって言うんです」と、亜樹は困り果てていた。一週間前には「もう会うことはない」と一方的に別れを告げたのに、時間が経つと、妻と話し合ってくれという。

「なんか、電話の様子が相変わらず他人行儀で、彼のそばで、奥さんが聞き耳を立てている気配がするんです」

と亜樹は言った。完全に彼は妻の言いなりになってると、私は思って、どう対処しようか、ふたりでまた話し合った。

しかし、亜樹と彼と妻と三人で会って冷静に話ができるだろうか。仮に最初は冷静に話し合いが始まったとしても、必ず感情が昂って、声を荒らげたり、みっともない修羅場になることが目に見えるようだった。

そもそも、会ったときに妻は何を要求してくるのだろうか、ということも考えた。

①亜樹に謝罪の言葉を言わせて、二度と彼とは会わない連絡をとらないと誓わせる。

②亜樹と彼の不倫関係について、ありったけの文句を言う、あるいは怒りをぶちまける。

③不倫をした夫に愛想が尽きたので、亜樹にあげるからあとはどうぞ、ご自由に――と、

大きくは、この三つのパターンだろう。

この三つのうち、受け入れられるのは最後の③のパターンだろう。あとは亜樹にとってあまりに屈辱的だ。しかし、いずれの場合にせよ、辛いことにはかわりがない。

それは本当に後味の悪いものになってしまう。修羅場は一度で終わるならいいが、二度、

三度と尾を引いて、もっと泥沼化することもある。三人が三人、みな意見が食い違って、事態の収拾はますますむずかしくなるだけなのだ。

それでも、どんなことを言われても、どんなことをしても、彼とずっと付き合っていきたいという屈強な覚悟があれば話は別だ。だが、亜樹もこの一週間に起きた出来事を考えながら、ここは潔く、一度終わらせようという気持ちになった。そしてやはり「会わない」方が賢明ではないかという結論になった。

その後、彼から何度か電話があったが、亜樹は「あなたから、別れを言ってきた。だからもう会う必要はないし、私は会う気はない」ときっぱりと告げて、態度を変えなかった。それは辛い決断だったに違いない。彼も精神的に追い詰められている状況は理解できるから、亜樹は彼の本当の気持ちが聞きたかったはずだ。しかし、私が亜樹に妻の監視が厳しい中で、ふたりで会うことは現実的ではないし、会えたところで〝都合のいい理由〟ばかり聞かされると、もっと情けない気持ちになるのではないか、と言ったら、揺れる気持ちが収まったようだった。

亜樹はこの恋を大切に育んできた。彼女の理解者だけには打ち明けてはいたが、彼との仲を言いふらしたりすることもなく、彼の妻に対するジェラシーも口にしない女性だった。

今回の修羅場は、スマホの写真がきっかけにせよ、それで亜樹を責めるものではないと思う。明らかに彼の危機管理が甘かったことにつきるだろう。

自分の夫を寝取った女に対して、怒りが収まらない妻の気持ちは理解できる。修羅場においては、妻が彼女の家まで押しかけたり、彼女の職場に乗り込んだりと凄まじい展開になることもある。「ついに奥さんに訴えられ、慰謝料を請求された」というケースだって少なくない。たしかに、平穏な家庭を乱し、妻の気持ちを傷つけた女性は、法律に基づいて慰謝料を請求される立場にはある。

だが、こういう修羅場になったとき、もっと男性にしっかりしてほしいと、いつも思う。妻と恋人の間に立たされた男性が、「ちょっと待て。これは、すべて僕の責任だから」と、まずは、妻の怒りを鎮める役目をきちんと全うしてほしいのだ。すぐさま責任を恋人に転嫁させたり、修羅場に巻き込むのを止めない男は卑怯だ。もし、彼女が潔く身を引こうと納得している場合は、夫婦の修羅場は夫婦だけで解決してほしいと思う。

そのデリケートな心情を理解せず、妻と恋人の間であたふたしてる男性など、不倫の恋をする資格も、女性を愛する資格さえもない。

亜樹の場合は、とりあえず、妻がそれ以上の行動に出なかったので、三者会談も免れた。

おそらく、夫の〝反省した態度〟を見て、妻も気が収まったということだろう。

「彼は、とても優しい人だから、板挟みになると弱くなってしまうんですよね。きっと、奥さんに見せた誠意が伝わったのではないでしょうか」

亜樹は、突然の別れから数ヵ月経ったが、彼を恨まず、沈黙を守ったまま、まだ温かい気持ちを保っている。

だが、哀しいかな、あれからもう、彼が亜樹に連絡してくることはなくなった。

仕事場のキッチンには、彼が使っていた茶碗やコーヒーカップがまだ置いてある。

いつも、いつも部屋に来て、お揃いのお茶碗で夕食を楽しんだ恋人が、もう、金輪際来ないのだから、それはあまりにも寂しすぎる。

季節ごとの愛の日々を思い出すと、亜樹の頬に涙が流れ、止まらなくなる。

もし、彼が妻に誠意を見せたのなら、同じように、亜樹にも誠意を見せてはくれないのだろうか。だが、これは亜樹だけのケースではない。同じように、突然の別れから放置されて、それでもまだ、彼を待っている女達がたくさんいることを忘れてほしくはないのだ。

モトサヤを望んでいるのではない。彼女と過ごした時間は、楽しかったのだと、ひとこと、言葉を携えて、姿を現してほしいのだ。それが無理ならメッセージのひとつでもいい。

心の傷が癒えていくまで、時間をかけて　沈黙を守って過ごす女達たちの姿を見ると、これもまた、修羅場の越え方なのだと思うが、あまりにもそれは残酷すぎる。

不倫の恋だとしても、それは戯れの恋であったと片づけられないのである。危機的な場面になったとしても、最後まで、相手を思い遣る気持ちで、真摯に向き合ってほしい。愛とはそういうものだ。

殺し文句に殺されないために

「もしも、ぼくが独身だったら、君と結婚した」

この殺し文句は、不倫の恋でしか使えないところがミソだ。

まだ、不倫の恋に免疫がなかったころ、私はこの殺し文句に殺された。若かったので、その言葉に、身も心もとろけたのだ。彼は殺し文句の達人だった。

あるとき、彼に「君さあ、周りの独身の男をどう思ってる？」と訊かれた。てっきり、私が独身の男性を意識することがあるのか、と問われているのだと思って、「あなたがいるからぜんぜん興味ない」と答えた。それは本当だった。目の前にいる彼は、ちょい悪系の色気を振りまく個性派で、一回り以上年上だろうが、妻子がいようが、女性をぐいぐい惹きつける魅力に溢れた男性だった。周りに私とつり合いのいい独身の男性が現れてもまったく目に入らなかったのだ。

すると、彼はこう言った。「あいつらバカだよなあ。こんなに魅力的な女性がいるのに、放っておくんだもんなあ」と。そして、信じられないと言いたげな真顔になって、例の殺し文句で私を撃ちのめした。

「もしも、ぼくが独身だったら、君と結婚した。君と結婚するやつは幸せだよ」と。

今だったら、「何をほざいてるの、バカヤローはあなたでしょ」と言ってやりたい。「もしも……」は永久に実現できない仮定の話だということをわかっているから。

こういうことを言う男はのっけから本気ではない。彼には妻子がいて、そう簡単に、本気になれないからだ。試しに「放っておきたくないと思ったら、あなたが私と結婚して」と言ってみたらどうなるか。彼は答えに窮しただろう。

でも、私は答えに困る彼と、納得づくで付き合っていた。当時の私はまだ恋の花をたくさん咲かせたい時期だったので、結婚願望は否定しないものの、「いまはまだ、もう少しこのままで」という気持ちもあった。仕事も充実していて、一週間を「独身バリバリ、ときどき不倫」みたいなサイクルで過ごすことに、快適さも感じていたからだ。

ピアニストの仁美《ひとみ》は二十八歳。音楽教室でインストラクターもやっているが、目下、生徒の男性とW不倫中。仁美の夫は学生時代からの同級生。結婚して三年目だが、音楽家同士のカップルはお互いの活動を第一にと尊重して、まだ子どもはいない。不倫の相手は四十歳。小さな貸しビル業を営んでいて、既婚者だがやはり子どもはいなかった。

「好きで結婚したんですが、音楽家同士の夫婦って、どこか互いの才能を嫉妬するようなところがあって。でも、結婚生活ってどこか夫を立てるみたいな気配りも必要ですよね。だから、旦那といると、息苦しさを感じていたんです。でも、彼は違う。包容力があって、私がすごくのびのびできる」

仁美は、彼が経営する貸しビルの一階にある店舗を「ピアニストが演奏できるスペースにできたらいいな」という彼が思いついたアイデアに、いろいろアドバイスしていくうちに、ピアノ教師と生徒の関係を超えてしまった。そして、彼はこう言った。

「もしも、仁美が本気なら、僕も真剣に考える」と。

この場合の「もしも……」には、現実味がある。双方、既婚者だが子どもがいないので、ふたりの気持ちが本気で真剣であれば、この恋が成就に向かう可能性もある。子どもがいる相手とばかり不倫してきた私とは違う。

私の周りでも、不倫の恋が実ったのは、既婚者であっても子どもがいない場合がほとんどだ。もっとも、そこに至るには、いくつもの修羅場を超えてという過酷な道のりがある。それは、ふたりがどこまで本気で真剣かにかかってくる。

仁美の心は揺れた。家に帰って、何も知らない夫の顔を見ると「結婚を解消するだけの本気や真剣さがまだまだ足りない」と思うからだ。

本気と真剣という殺し文句を生かすのも、なかなかむずかしい。

私ならどうするだろうか。例の、

「もしも、ぼくが独身だったら、君と結婚した」

と言った男とは、数ヵ月ほどの短い恋だった。だが、殺し文句の宝庫に私は殺られ続けていた。

付き合いはじめてまだ、数回目のデートだというのに、いきなりこうも言われた。

「子ども作ろうか?」

私は即答はしなかった。ふたりの将来も何も話し合ってない段階で、あまりに唐突なその発言に驚いた。

いくら好きで、のぼせていても、「子ども作ろう」という言葉に違和感があった。特に「作ろう」が嫌だった。「子どもが欲しいね」なら、まだいい。一緒に育てていこうという気持ちがあると思えるからだ。でも「作ろう」は、なんだか突き放された感じがした。彼が負うべき責任が言葉に少しも感じられなかったから。

彼には妻子がいる。しかも、五年前に再婚したばかりで、子どもも幼い。その前の結婚で生まれた子どもも二人いる。

しかし、起業して広げた事業も順調で、経済的には裕福な人だったので、この彼に限っていえば、少し望みもあった。私とこれから私が生む子どものために、再度離婚して三度目の結婚生活を私と営んでくれるのかもと。それくらいエネルギッシュな男だったのだ。

しかし、彼にはその気はさらさらなかった。そしてこんな殺し文句を言った。

「君ならやれそうだね。子育てと仕事を両立させて活躍するママを」

私はその言葉には「ちょっと待ってよ」と思った。もしかして、私にシングルマザーになれというのかと耳を疑った。

そのころ、世はバブル経済の隆盛期で、女性の華やかな社会進出や社会の枠にとらわれない自立した生き方が注目されていた。その中で、シングルマザーという選択肢を選ぶ女性も少なくなかった。

彼が私に求めているのは、そういうちょっとぶっ飛んだかっこいい生き方をする女性だったのだろう。だから子どもができても認知はするけれど、結婚はしないよ、というニュアンスだった。もちろん彼は裕福だから、養育費など、ちゃんと面倒は見てくれるのだろうけど、なんだか、私に全部背負えといわんばかりで納得できなかった。

冷静に考えてみたら、そのころの彼は、再婚して子どもができて、やっと落ち着いたところである。最初の結婚相手とは性格が合わず、離婚に至るまでに長く別居をしていたらしい。でも、再婚相手とは、仲が悪くはないようだ。

そんな彼がなぜ、私と不倫をしているのか。

欲望と本能のおもむくままに、といってしまえばそれまでだが、それが、安定した結婚生活を解消するほどのものではないという、彼のずるさをまた垣間見た。

幸い、私はそれ以前の苦い恋愛体験から、医師の指導の下でしっかり避妊対策をしていたので、彼がどんなに頑張っても、妊娠はしなかった。私には到底シングルマザーとして生きていく覚悟はなかったのだ。

そんな中でずるずると、欲望と本能のおもむくまま、彼を断ち切れずに、不倫にはまっていった愚かな私がいた。

ただ、この恋はいずれ終わらせなければと思った。決定打になったのは、また彼の不用意な言葉だった。

「君をすごく愛してるよ。でも僕には優先順序がある。子ども、妻、そして会社……ごめんね、君はそのあとだ」

この一言に、私は死んだ。

彼にとって子どもが一番、妻が二番というのは……わかる。

仕事熱心なのもわかる。小規模の会社ながら、経営が軌道に乗るまではと、休みも返上でよく働いていた。起業にあたって、彼は妻の実家からも支援も受けているようで、なおさら夫婦の縁は簡単には断ちきれないものだということも理解できた。

でも、どんなに愛されていても、私はランク外か。

彼の家庭や、仕事と私との恋愛は別次元だということは、わかる。不倫とはそういうものだから。でも、順序を付けたらランク外というのは堪《こた》えた。

これに耐えるほどタフになるには、もっといろいろな恋愛にもまれなければ、私には無理だった。

彼の優先順位を受け容れるとしたら、私はやっぱり都合のいい女になってしまう。

もちろん、人間誰しも完璧ではない。よほどの聖人君主でなれれば、ずるさや弱さも併せ持っている。それを認めて、ずっと彼に寄り添えるくらい、人間ができていれば、私はこの恋をもっと長く続けて、より豊かな愛を築くこともできたかもしれない。

でも、私の中にある小ずるさと意気地なさが、この恋の幕引きを早めた。彼も私も仕事が忙しいことを口実に、日程が合わず、予定が二転三転し、次に会う約束を何度か先延ばしにしているうちに、やがて連絡もこなくなった。

実は、彼とは後日談がある。別れて五年ほどして、偶然会ったのだ。

懐かしい気持ちもあり、互いに、フェードアウトしてしまったことが気になっていたのだろう、どちらからということもなく、「お茶でも飲もう」ということになった。

枯葉の舞う歩道にせり出したテラスに座ると、彼は突然、こう切り出した。

「今日は、離婚調停で家庭裁判所に行ってきたんだ」

と、照れくさそうに言った。まさか、あの、優先順位を死守していた妻と離婚して、子どもの親権は母親に譲り、慰謝料と養育費も折り合いがついたとは！　しかも、彼は仕事を相当頑張って、妻の実家から受けていた事業への支援も完済したとも……。バイタリティは健在だった。

今、私の目の前に、離婚が成立し、独身になる男性がいる。

そして、彼の得意なあの殺し文句――「もしも、ぼくが独身だったら、君と結婚した」――を思い出した。私は、彼に訊いた。

「独身になったら、私と結婚する？」

少しだけ、私は期待をしていた。だが、私を見つめていた彼の瞳から、みるみるうちに優しさは失われ、

「またそれか。女の人って、みんなどうして、同じこと言うのかなあ」

と、ため息交じりに、吐き捨てるように言った。

この一言で、私はまた死んだ。「おいおい、五年前に、あんなに愛してるって言ってくれた私に、〈またそれか〉って何？」と心の中で叫びながら――。

では、結婚するつもりはないのかと訊けば、なんと！　彼はもう既に再再婚相手となる女性と暮らし始めているというのだ。しかも、数ヵ月後に赤ちゃんが生まれるという。

ここまできて、ようやく私は、彼がどういう人間だったかということがわかった。そして、私が彼からどの程度の女に扱われていたかもわかった。こんな男の本性が見抜けなかった私は実に情けない。

惚れた弱みで、彼の愛を信じていたが、それは私のかいかぶりに過ぎなかったのだ。

要は、私が彼のもとから去った後も、彼は、相変わらず、新たな不倫を続け、殺し文句を連発していたのだろう。

その中で、あの男の言葉を真に受けて、子どもを産む覚悟を決めた女性がいたのだ。けれども、彼女は優先順序のランク以外から勝ち抜いて、見事に首位奪還した。あっぱれというしかない。

私はといえば、戦うことをあきらめて、早々に退散した。「またそれか」ランクの女でしかなかったわけだ。しょせん、都合のいい女、弄《もてあそ》ばれた女レベルであったのだ。

妻の座という、たったひとつの椅子取りゲームに勝つには、熾烈な戦いを勝ち抜いていく本気と真剣さがなければならない。そして、殺し文句を真に受けてはいけない。ワンダーウーマンのように、たくましく生きのびて、愛とはどれだけ、強いものかを示しながら、殺し文句を撃ち返し続けていく——私はまだそこまで、達してないのだとおもい知らされた。

フェイクニュースに惑わされないで

世の中に出回る情報には、たくさんの嘘がある。いまどきの言い方では、偽った情報をフェイクニュースというが、不倫の恋の周辺にはたくさん溢れている。

私も一度「こちら興信所ですが」という怪しげな電話を真に受けてしまったことがある。スマホに登録していない番号が表示されると、まずは無視するのだが、「公衆電話」と表示されて、いまどき珍しいなと思ったら、音声メッセージが残っていた。再生すると、女性の声で興信所と名乗っていて、また電話するという。

普通、こういった類の電話は身に覚えがない限り、放置しておけばよいのだが、この時点では不審に思わず、「もしかして、今付き合っている彼氏のことがバレたかも?」と、サスペンスめいた出来事に気分がかたまり、加えて〝もの書き〟の好奇心が刺激されて、のちのちネタにできるなら、何を訊かれるのか知りたくもなった。だから、疑いもせず、次にかかってきたときには試しに出てみることにした。すると――、

「先ほど、メッセージを残した興信所ですが、あなたはAさんと交際されてますよね。そ

のことで奥様から調査の依頼がございまして」

という内容のことを言われた。まるで私が不倫していると、決めつけたような口ぶりで、かなり威圧的だった。

ただし、心配していた不倫相手のことではなく、根も葉もないことだった。〝Aさん〟というのは仕事関係の知人である。食事をしたり、飲みにいくこともあるが、異性として意識するような仲ではない。何を根拠にA氏の妻に疑われ、興信所などを使って調査するのだろう。

「○月○日の夜に、新宿でAさんと会われましたよね。イタリア料理を食べて、その後の行動はこちらも把握してます」

と、興信所を名乗る女性はまくし立てた。「その後の行動」って、まるで私がA氏とホテルに行ったかのような言いぶりだ。

しかし、新宿でイタリア料理と言われて、記憶が甦った。確かに、A氏と食事をしながら企画の話をしようと、美味しいパスタを食べた。その後は、近くのショットバーで飲んだが、新たな仕事仲間も加わって三人になり、終電がなくなる前に慌てて帰ったことも思い出した。

そのとき、Ａ氏は翌朝早く、羽田から地方出張に行くので新宿のホテルに泊まると言っていた。どうやら私が一緒に泊まったのではないかと疑われたらしい。だが、断固否定した。「その日のことなら、写真をＳＮＳにアップしてるので、誰もが知ってることですよ。もう一人の知り合いもいたし。Ａさんの奥さんが思っているような関係ではないです」

店の宣伝にもなればいいと思って、珍しい食材が使われていたパスタを囲んで、シェフやソムリエさんも交え〈Ａさんと企画会議中、美味しいパスタを食べるとアイデアもたくさん湧いてくる〜♪〉みたいなお気楽なコメントをつけた写真を載せた。

私の意識では「みんなにオープンにしている＝怪しまれる関係ではない」という図式だったが、興信所の女性は「あてつけにしか見えませんよ」と冷たく言い放った。

ともかく、私は絶対にＡ氏とは関係ないとつっぱねて電話を切った。好奇心で電話に出たものの疑われて気分がいいわけではなかったので、すぐにＡ氏にも知らせておこうと思ったが、プライバシーに関わることなので、そこはいったん冷静に、Ａ氏の妻側からまた何か言ってくるまでは、放置しておいてもいいかと思った。その後、興信所と名乗る女性からコンタクトはなかったので、疑いは晴れたのだと安心していた。

だが、これには後日談がある。Ａ氏と共通の知人である真依子《まいこ》から「Ａさんが妻に不倫を咎《とが》められ修羅場になった」という話を聞いたのだ。しかも、妻は浮気相手を真依子と断定し、真依子にも直接電話をかけてきたというから、仰天した。

真依子は二十代のころはモデルをやっていたが、三十九歳の今でも、誰もが羨む美貌と若々しさの持ち主だ。A氏の交友関係でとりわけ華やかな存在だから、一番に疑われても無理はない。真依子はA氏の妻からの電話で、

「いつも夫が大変お世話になっております。夫がクレジットカードで支払った使った金額は、全部把握してますの。銀座のお寿司屋さんとか、青山のフレンチとか、さぞかし美味しいんでしょうね。私なんか行ったこともありませんから、想像もつきませんわ。でも、いいんですのよ。なんなら夫は差し上げます。でもその代わり、八十歳になる姑もつけますので、夫と姑のお世話を末永くお願いします」

と、言われたことをちょっと自慢げに語った。そして、真依子は、

「お寿司屋さんやフレンチでごちそうになったのは事実だけど、Aさんはタイプじゃないから、絶対不倫なんてしません、て奥さんに言ってやったわ」

と息巻いていた。真依子にはちゃんと恋人がいて、「Aさんと怪しいなんて噂が彼の耳に入ったら大変」とA氏にも事の次第を訴えたという。

もちろん、A氏は真依子に平謝りで、妻にも誤解を解いたという。そしてお詫びの印に、また高級な鰻をごちそうになったので、許すことにしたと真依子は言った。

実は、このとき「私も疑われて、興信所から電話があったのよ」と言いたかったが、私は、A氏との食事は割り勘だったし、真依子のように得意げには語れないので、言葉をのみ込んでしまった。

その後、しばらく経ってからだが、A氏からも直接「いまだから話せるけど、俺、不倫してたのがカミさんにバレそうになったことがあってさ」と、打ち明けられた。「それで、真依子に迷惑かけちゃってね」と、妻が誤解して真依子に電話したことも照れ臭そうに話した。

このときA氏に、長く不倫の関係を続けている別の女性がいることも知った。だが、その相手が誰かは教えてはくれなかった。絶対に秘密で、妻にもさとられないように細心の注意をはらってきたという。

「ただ、女性の勘は鋭いから、どうも誰かと不倫しているのではと、妻はずっと疑っていたんだよね。マスコミ業界で付き合いも派手だということは妻も理解しているし、真依子と食事するときは、ちゃんとカミさんに堂々と報告してたんだけどね。でも、真依子はあの美貌だからなあ、やきもち妬かれたんだな」

真依子はいま、ジュエリーのデザインを手掛け、ネット販売も使って地道に顧客を増やしている。A氏はそんな真依子を妻にも紹介し、妻は真依子のデザインしたアクセサリーを気に入って購入したりもしているから、まさか、妻が真依子に嫉妬心を抱いていたとは思わなかったとA氏はいう。

妻が怒りに任せて暴走したしたことについては、「もともとは僕が蒔《ま》いた種だから」と、A氏はまず、自分の行動が甘かったと深く反省した。そして不安な気持ちにさせた妻をなだめ、真依子にも謝罪し、そして何よりも、本当の不倫の相手のことを、いまだずっと隠し通していることに、私は感心した。

なので、あまり波風を立ててはいけないと思い、私も疑われて興信所から電話があったことは、A氏にも告げないことにした。

それでも、こんな質問だけはしてみた。

「今日、私と会ってることを、奥さんは疑わないの?」

すると、A氏はこう答えた。

「君は大丈夫。この前も、新宿でイタリアンを食べたときに撮った写真をカミさんに見せたら〈あら、この人なら安心だわ〉って言ってたし」

美貌の真依子と違って、私は信頼されていると言いたげだった。

だが、そうではあるまい。私はこのとき、ようやくA氏の妻の心情が読み解けた気がした。興信所の女性が「あてつけです」と言った意味が。

要は美しい真依子であれ、いかにもオープンな友達関係風の私でさえ妻にとっては、腹立たしい存在なのだ。夫が妻に「やましいことはない」と堂々と紹介する女性達に紛れて、不倫の関係にある誰かを、絶対に突き止めたいという気持ちが見えた。

これは想像の域を超えないが、新宿で私と食事したあと、A氏はおそらくホテルで本命の彼女と過ごしたのだろう。そのことだけは妻に知られてはいけないという後ろめたさを引きずりながら、私と撮った写真を妻に見せたところで、妻の疑いは、消えるどころかますます膨らんだのではないだろうか。

そんなことも想像できないA氏に対して、やはりここは「私だってあんたの奥さんに疑われたのよ。興信所まで使って調べてたんだから」と言ってやる方がいいかとも思った。だが、ここは終わった過去の笑い話として、聞き流すことにした。

A氏の妻が一番最初に疑ったのは、飛びぬけて美しい真依子だったのだろうが、きっと他にも疑わしい女性を徹底して洗ったのではないだろうか。おそらく、私に電話してきた興信所と名乗った女性も、本当はA氏の妻自身だった可能性も高い。だいたい興信所と名乗って、公衆電話からかけてくるのも妙だなあ、とずっとひっかかっていたのだ。

もしかしたら、A氏が交際中の本命の彼女もマークされていて、妻は夫の動向を注意深く観察してるかもしれない。夫になだめられて納得したふりをしているだけで、うまく夫を泳がしておいて、そのうちちゃんと尻尾をつかもうと窺っているのではなかろうか。女の執念を、なめてかかってはいけない。

不倫の恋でもなんでもないのに、共通の友人の間で、あるいは職場で関係を疑われ、偽りの物語が一人歩きすることは多々ある。

私も、一度フェイクニュースの主人公になっていたことがある。それは、物書きである同業者の男性と付き合っていたという、まことしやかな噂話であった。その友人男性は既婚者なので、そんなフェイクニュースに、彼の妻や子ども達が惑わされたらどうしようと、やきもきしたが、偽りの話を大げさに吹聴しているのは、なんのことはない、その男性自身だったのだ。

「酒の席でつい、盛り上がったから、話を盛ってしまった」と、友人はあまり悪びれた様子もなかった。きつい冗談をかましても、動じない物書きの仲間うちでは、あまり目くじらを立てることも無粋だし、私もフェイクニュースを笑い飛ばしておしまいにしてきた。だが、いま、笑えない時代になってきた。

有名女優が自撮りしたと思われる不倫相手とキスをしている写真や、あきらかに彼女の部屋で撮られたと思われる写真が週刊誌やテレビのワイドショーで騒がれたとき、当事者のふたりだけの秘密であるべきものが、一体、どうして流出してしまったのかと、悲しくも腹立たしい気持ちになった。

詮索好きの野次馬たちはみな、勝手なことを言う。

「優秀なハッカーだったら、パソコンに入り込んで写真を抜くことなんて簡単らしいよ」

「家のパソコンなんて、管理がいい加減だから、身内の、つまりあの女優の旦那さんか、不倫相手の奥さんが見つけたんだよ。スマホをチェックしても簡単に見つかるだろうし」

「もしかして、あえてスキャンダルを仕掛けて、売名行為とか」

「いや、違うよ。男って動物はね〈俺、こんなすごい女性と付き合ってるんだ〉って、ついつい自慢したくなるみたいよ。相手が有名人でなくても、若かったり美人だったりしたら、絶対見せてはいけない写真を見せびらかしたりするのよ。案外、写真をばらしちゃったの、当の本人じゃないの?」

「あるある。女だって、セレブな彼氏とか、年下の彼とかできると吹聴したくなるしね。私の友達は、有名なアスリートと不倫してたの。写真を見せてもらったことあるし」

と、話はどんどん広がっていく。憶測で肉付けした作り話の部分が、「実はそうらしいよ」とフェイクニュースになっていくのだ。

出回っている写真があまりにリアルな場合、不倫の関係を否定したり弁解する余地はなく、本人も認めてしまう場合が多い。

確かに、写真は、キスをしているという事実を伝えている。でも、ふたりの愛の真実など、一枚の写真でわかるはずはない。むしろ、スキャンダルとして世間に叩かれることで、ふたりの物語は、ねじ曲げられてフェイクばかりを重ねてしまうのだ。

不倫の恋であっても、偽りのない真実の恋に真摯に向き合っていくのであれば、フェイクニュースになるきっかけを、世の中に流さないよう、気持ちを引き締めたい。恋にのぼせて、浮足立ったりすると、それは身の破滅になる。

どんなことがあっても心の管理がずさんにならないよう、しっかり鍵をかけて、この恋を大切に育んでほしいと思う。

春が来ない恋の行く末は

三十四歳の誕生日が近づいてき恵子は、四年あまり続いた不倫の恋の行く末に、もう希望が見出せなくなったと感じている。

「彼と結婚できる日を待っていましたが、なかなか進展しなくて」

不倫の恋が成就する確率はとても低い。

めったにない、稀なことだけど、ひょっとして、自分達だけはうまくいくのではないかと、淡い期待を持ってしまうケースもときにはある。

恵子は某地方都市にある研究機関の職員。大学院に進み、海外留学経験もある才媛である。不倫の恋の相手は、恵子の母校に東京から単身赴任できていた特任教授。アート系の分野でプロデューサーとして活躍し、クリエーター養成にも手腕を発揮することでも知られる人物だ。

ふたりは母校の関係者が主宰する地元の勉強会で知り合った。

彼にとっては初めての土地で、ひとり慣れない生活にとまどう中年男と、てきぱきと物事をこなす知的で世話好きな恵子が恋に落ちるのに時間はかからなかった。

妻子を連れてこなかったのは、彼の教員としての任期に期限があるのと、もうひとつは一人娘のお受験事情だった。中高一貫教育で、難関大学に多数合格者を出す東京の有名私立を目指していたのだ。

彼は、週末に東京に戻ることもほとんどなかった。恵子も遠く離れた彼の家庭の存在を気にすることなく、最初はこの恋にすっかりのめり込んでいった。

「妻は、娘のことばかりに夢中になって、僕のことなんかどうでもいいんだ。しっかり稼いで、ちゃんと給料を振り込めば、もう用はないって感じだからね」という彼の言葉を、恵子は「彼はもう妻を愛してはいない」と解釈していた。そしていずれは、妻と離婚し、自分と再婚する日が来るかもしれないと――。

「付き合いはじめたころ、彼はこの街が気に入って、大学の任期が終わっても、何か職を得て留まることができないか、という話をしていました。私はこの街でずっと暮らすなら、今のような不倫の関係は辛いって彼に言いました」

母校の関係者や、研究仲間に知られないように、隠し通しながら不倫を続けるのは、恵子にとって、あまりにも窮屈だった。妻に対する気持ちが冷めて、恵子を愛しているのなら、早く堂々と一緒にいられるようにしてほしいと、彼に望んだ。

だが、恵子が期待したようには、彼は動かなかった。

「〈小六の娘の受験勉強に響いてはいけないから、まだ妻に離婚話を切り出せない〉というので最初の一年は待ちました」

めでたく娘は志望校に受かったが、離婚話は進展しなかった。それどころか、その後もずっと待たされ続けることになるのだ。その理由を彼はこう言った。

「娘が合格した私立中学はレベルが高くて、娘の成績が芳しくない。このままでは高校への内部進学も危ぶまれる。娘が勉強に集中できる環境を親としても気遣いたい」

結局、彼の娘が高校生になるまで恵子は待つことを強いられた。

せめて、奥さんとはちゃんと話してほしいからと、恵子は年に何回か家族の顔を見に東京に行く彼に、「今度は言えるよね」と念を押した。だが、その度に空振りに終わった。

「しかも、娘さんが高校に上がったら、今度は〈娘が、超難関の大学を目指そうと頑張りはじめた。もうあと、三年だけ待ってくれないか〉と言い出したんです」

実は、この手の〝先延ばし〟は終わりを知らない。普通は成人した子どもにはもう親の離婚は影響しないだろうと思うが、大学に通う娘に、「一流企業に就職するには、親が離婚してると不利になるらしい」とか「婚活に両親の離婚はマイナス」などと言われたら、父親は離婚話を濁そうとしてしまうだろう。もっとも、成長期の多感な子ども達も、両親の不仲には敏感で、子どもなりに、両親の仲たがいをなんとか元のさやに収めようと、健気な努力をする。それが、不倫の恋にのめり込もうとする男の心にブレーキをかけるのだ。

たとえば、それまで子ども部屋で寝ていた小学生の娘が、いきなり「今夜から、パパと一緒に寝るの」といって、寝室の父親が寝ている方のベッドに潜り込んできたとする。夫婦の関係は冷え切っていても、娘が父親に甘えて、ぴったり寄り添って離れないのを見たら、そして、愛しい子どもの肌のぬくもりをや吐息を感じたら、誰だって離れがたく思うだろう。

あるいはクリスマスが近づいて、幼稚園の息子に「サンタさんに何が欲しいってお願いするの?」と訊くと、「ゲーム」と答えるかと思いきや、無邪気に「弟か妹」と言われたことで、夫婦の仲が修復するきっかけになった、という話もある。

最初から、離婚する気もないのに、不倫相手に結婚に期待を持たせるような男はそもそも性悪なのだが、多くの男性は、決して悪者ではない。最初は、ごく自然の感情で、不倫の恋が盛り上がってきたときに「妻と離婚して不倫相手と再婚」という気持ちが芽吹くのだと思う。ただ、彼が本気になれないのは、離婚を切り出すというアクションを起こすのには、猛烈な熱量がいるからだ。それには、何が何でも絶対に離婚して、再婚したいという高いモチベーションがなければならない。

しかし、多くの男性は、そこまでのエネルギーがない。何か理由を見つけては、先延ばしにして、離婚を回避しながらも、恋人との関係をずるずると続ける――これが多くの不倫カップルの現状なのだ。

そのうち、子育てが一段落した妻が、夫に再び関心を持つようになると、夫婦の仲も少しは温まって、ますます離婚などという状況ではなくなるはずだ。

それでも不倫の恋に生きるのであれば、女はせつなく、やるせない気持ちを抱えて、乗り越えていく覚悟が必要になる。

本当に、それでいいのか。人生に同じ時間は二度とこない。本当は自分がどう生きたいのか。自分が望んだ人生設計とは何だったのか。

恵子は、四年以上耐え忍ぶことにもう限界を感じていた。それは、彼女なりの人生設計があるからだ。

「学業や研究で忙しい人生でいたけど、結婚や出産はあきらめてはいません。できれば三十五歳までに結婚して、できるだけ早く子どもを産みたいんです」

たとえ成就しない不倫の恋とわかっていても、覚悟を決めて愛を貫く選択肢もある一方で、恵子のように結婚や出産に人生の優先順序がある場合は、できるだけ早くリセットボタンを押してほしい。迷っている時間が長くなるだけ無駄になるからだ。

もちろん、リセットするからといって、彼と過ごした日々を、否定してほしくはない。終わらせた恋を糧にして、新しい人生に目をむけてほしいと思う。

その後、恵子は〝キャリアアップ〟を理由に、学位をとるためにアメリカへ留学した。

「彼も大学の特任教授の任期が終わるタイミングだったので、リセットするなら今しかないと思ったんです」

実は、彼は恵子との関係を続けるために、別な職を得てこの地に留まることにしたのだが、恵子の決心は揺るがなかった。

変化を求めて開いた扉の向こうには、恵子が望んだ幸せが待っていた。留学生同士のコミュニティで新しい出会いがあり、恵子が描いた人生設計に光が見えてきたのだった。

報われない愛と女の意地と

千里《ちさと》は六本木の外れにある小さなバーで、ギターを弾きながら歌っていた。学生時代からシンガーソングライターを目指していたが、メジャーデビューの夢は叶わず、昼間は事務のアルバイトをしながら、夜はこのバーのカウンターの角に座って、書きためた自作の歌を披露していた。三十二歳という年齢を聞かなければ、まだまだ二十代に見える可憐な魅力の千里の声に惹かれて、私はいっとき毎日のようにこのバーに通っていた。

ひとりで飲みに行っても、千里が話し相手にもなってくれるので、通いやすかったのだ。バーカウンターの中では、スキンヘッドで、口ひげを蓄えたマスターがもくもくとお酒を作っていた。彼が作るドライマティーニは、とても口当たりがよく、「今日はとことん酔っぱらうぞ！」と決めたときは、夜更けを過ぎてまで飲んでいた。

マスターも元ギタリストで、ミュージシャンくずれが漂わせる独特な雰囲気があった。ドライマティーニの勢いに任せて口説かれたら、私など、その魅力に数秒で堕ちてしまいそうだった。

見た目で判断すれば、年のころは私と同世代か少し年上、左手の薬指にはリングも何もない。女性遍歴は多く、離婚歴もありそうだが、今は独身かもしれない――などと勝手に妄想していた。バーに足が向いたのは、マスターにちょっと惚れてしまったせいもある。

だが、バーの常連客に、マスターの妻が紛れていることを知って、私の恋心は途端に萎えてしまった。

教えてくれたのは千里だった。いつも終電間際にひとりでやってきて、一杯飲んでは帰っていく女性客のことが気になって千里に訊いたのだ。

「今帰っていった女のお客、もう何度も会ってるのに、目が合ってもニコリともしないのね。なんかヤな感じ」

「あの女性、お客さんじゃないですよ。マスターの奥さんで、実質的なこの店のオーナーだから」

マスターの妻は、ブティックや雑貨店を経営する事業家で、ミュージシャンでは食べていけなくなった夫にバーをやらせているのだという。

「マスターは、女にもてるし、お金の計算ができない人なので、ああやって毎日監視にきてるんです」

そうか、つまりは、私みたいなマスターに気がある女がこのバーにはたくさんやってきて、色目を使うのをけん制しに来ていたわけだ。道理で私に愛想がよくないのだと納得できた。

ところがある日バーに行くと、愛想の悪い妻が店を切り盛りしていた。千里はいなかった。バーカウンターの中では、スキンヘッドのマスターがいつも通りシェーカーを振っていたが、「千里ちゃんはどうしたの?」と訊ける雰囲気ではなかった。

やがて、大きなマスクをした女性がバーにやってきた。千里だった。私の顔を見るなり、小声で「喉にポリープができて、当分歌えない」と言った。そして、「今日は客で来たから」と言ってマスクをはずしてお酒を飲みだした。「ポリープができているのにお酒はダメでしょ」と制したが、千里はかまわないと言って飲みだした。店に入ってきたときから、お酒の匂いがしていたから、もうすでにどこかで飲んできたのだろう。

そのうち千里は店のトイレに入ったまま、出てこなくなった。

マスターが声をかけたが、応答がない。心配になって、私が代わって、鍵をもらって外から開けたら、泣きはらした顔の千里がうずくまっていた。

深夜だったので、私はタクシーで千里を送っていった。千里は、さほど深酔いはしていなかった。ただただ、ずっと泣いていたのだ。

中目黒の大通りから少し入った住宅街に、千里のアパートがあった。

近くのコンビニで、缶チューハイを買って飲み直そうと言い出すので「ポリーブなんだから、いい加減にしないと」と言ったら、「ポリーブなんかできてないよ」と千里がいきなり高い声を深夜の冬空に響かせて、辺りかまわず歌い出した。

千里の部屋は、いつも原稿が散らばっている私の部屋が恥ずかしくなるほど、きれいに片付いていた。そして、誰かと暮らしている気配があった。

「彼氏と一緒なの?」と訊くと「出て行ったばかり」と、ぽつりと答えた。

「ねえ、それって、もしかして、私もよく知ってる人?」と訊くと、首を縦に振った。

「マスター?」と訊くと、千里はまた泣き出した。

この日まで、私は、千里がマスターと付き合っているなんて、まったく気がつかなかった。無愛想な彼の妻のことを千里と話したとき、「私がマスターを見る目がハートマークになってるのを、奥さんに気づかれたかしら?」などと言っても千里は笑って受け流していたからだ。私に嫉妬する様子はなく、毎晩、現れるマスターの妻に対しても、千里はジェラシーのかけらも見せなかった。

もともと、マスターと千里は、大学の軽音楽サークルで先輩後輩の間柄だったという。プロミュージシャンとして活躍していた先輩に、プロデビューを目指す千里が憧れの気持ちをいだくのはごく自然なこと。後輩の才能を見出してプロデュースしたいという意欲が湧けば、ふたりはいつしか同じ夢を追いかけるようになる。そして、愛が芽生えても不思議はない。

一般の社会通念と違って、昔ながらの芸能の世界では〝女遊びも芸の肥やし〟と言われてきた。ミュージシャンの世界も芸能の一部だし、また夜の酒場も似た世界だ。亭主の浮気にいちいち目くじらを立てるのは野暮という風潮もあって、妻たちは、締めるときは締めるけれど、ある程度のところまでなら知らぬ顔して、動揺もしなかった。

深夜営業の酒場では、閉店時間を過ぎても帰らない酔客もいるし、店の片付けや、雑用が長引けば帰宅は朝になったり、時には昼を過ぎたりもする。なので、千里のアパートにマスターが立ち寄って、すっかり夜が明けてから家に帰ったとしても、妻にとやかく言われることはなかったのだろう。

妻は何も言わず、毎晩定時に店に顔を出すだけだった。だが、夫が家で過ごす時間よりも千里の部屋で過ごす時間がかなり長くなりだしたあたりで、妻は夫の不倫をビシッと咎《とが》めたらしい。妻の要望は、千里と別れ、店でも歌わせないことだった。

でも、千里にも意地があった。このまま引き下がりたくないと、店には客として通うことにしたのだという。

千里は妻とのレースに参戦して、負けを譲らない気持ちでいたが、とてもひとりでは耐えきれず、お酒の力にのまれてしまって醜態をさらしたと、また泣いた。

いくら千里がマスターを愛しても、彼の妻がしっかりガードして、千里が入り込む隙を与えない状態では、もうこの恋は報われない。レースをしたい気持ちはわかるけど、こんなときこそ、冷静になって、ちょっと時間をおいた方がいいのだ。

千里には歌の才能がある。デビューの道筋をつけてくれる別のチャンスを探すべきだと思った。出演者を募集しているライブハウスはたくさんあるし、私にもいろんな音楽関係者の知り合いがいる。そういうお節介だったらいくらでもするからと私は言った。

千里の表情がちょっと明るくなった。

それでも、千里は六本木のバーへ通うことを辞めなかった。何をするわけでもなく、おとなしく座っているだけだった。以前のように、お酒に酔ってトイレに籠もるようなこともなく、終電が近くなると、おとなしく店を出て行く。

ただ、歌を歌わず、カウンターの隅っこからマスターを見つめる千里の表情は、日に日に険しくなり、事情を察した客達も心配しはじめた。

私は千里に、マスターとちゃんとコミュニケーションが取れているのかと訊いたら、妻のガードが堅くて連絡も取れない。だから、こうして、毎晩店に通ってきていると千里は蚊の鳴くような声で言った。

私は、千里の精神状態に不安を抱き、この先に起こりうるよからぬ事態を勝手に思い描いたら目が離せないと思った。

でも、千里は大丈夫だという。「もう、取り乱したりしないから。ただ、ここには毎晩通いたい。それだけ」だと――。

私は、なんの力にもなれないことが歯がゆく、つくづく情けなかった。

そして、マスターの態度にも腹が立った。妻の言い分を聞いて、千里のことはそのままでいいのか。みてくれの渋さと違ってずいぶん意気地のない男だ。こうなると口数が少ないキャラクターは、少しもカッコよく思えなくなった。

筋の一本通った男らしさを見せてほしいと思っていたが、ついに、マスターは千里のアパートへやってきたという。そして、「もう、店に来ないでほしい」と言ったのだ。

毎晩、店に現れる千里に、マスターの妻も精神的に追い詰められていて、「なんとかしてきて」と夫に言ったのだ。しかも条件があって、妻は「二時間以内に帰ってくること。もし、帰ってこなかったら覚悟がある」と目の前にありったけの薬の錠剤を並べて、「これを一度に飲んだら死ねるわね」と夫に迫ったという。

千里も「私だって死ぬくらいの覚悟がある」と返した。

さあ、修羅場である。妻と不倫相手と両方から、詰め寄られて、男はどうしたのか。

「お前が死ぬなら、俺も一緒に死ぬ」と言った。

妻の元ではなく、自分と一緒に死のうと言った男の言葉に、千里は素直に嬉しいと思ったが、〝死ぬ覚悟〟というのはまやかしだった。夫から千里を遠ざけようとする妻の執念に対して、千里も女の意地を最後まで貫きたいと思っていただけだったから。

そもそも、千里には、死に方がわからなかった。刃物で傷をつけたりはしたくない。だが、千里の部屋に飲んだら死ねるほどの錠剤はない。お酒を大量に飲んで、ガス栓をひねろうかと思ったが、引火して火事になったら、他人も巻き添えになる。

一緒に死のうと言い出したが、ふたりとも黙りこくってしまい、時間が経っていくだけだった。

もとより死ぬ気などない千里はだんだん怖くなった。もし、このまま時間が過ぎて、彼の妻が早まったことをしたら、取り返しがつかないことになる。一時間ほど経ったとき千里はこう言った。

「もう、帰った方がいいよ。奥さん、まじで死なせちゃだめだよ」

マスターは、時計を見て「お前も死ぬなよ」と言い残して部屋を出て行った。

千里は、愛した男の後姿を見ながら、「私は死なない」と、心の中でつぶやいた。

それ以来、千里は六本木の店に行くことはなく、別の店で歌い始めた。ようやく恋の呪《じゅ》縛《ばく》から解き放されたと知って、私もホッとしたが、その間に、こんな修羅場があったことを、千里から聞かされて驚いたのだった。

とにかく、何事もなくてよかった。マスターに「死んでやる」と脅した妻も、馬鹿なマネはしなかったそうだ。千里も「どうやって死のうかと考えていたら、なんて愚かなことを考えているのだろうかと、いやになった」という。

意地で固まってはいたが、千里はまだ冷静に思考することができたから、間違いを起こさずにすんだ。もっと思い詰めていたら、どんな行動に出ていたかわからない。

誰だって不倫の恋に身をおけば、悩み、苦しんだ末に、逃げ場を見失ってしまうことはあるだろう。だがその時、死神の手招きに、ふうっと引き寄せらないように、何としても、留まってほしいと思う。

どんなに愛しても報われない恋のために、命を落としてはいけない。

いままで、愛しみ育ててくれた両親のことを思い出し、そして、まだまだ続く人生の先に出会うかもしれない未来の恋人のことを思いたい。報われない恋の相手のために、大切な人生を台無しにして、周りの人までを悲しませるなんて、つくづく愚かなことだと思い直してほしいのだ。

千里が恋したマスターは、私もこっそり惚れるほど魅力的な男だった。

しかし、不倫の恋に身を置くと、どんなに魅力的な男だって、万能の能力を備えた男だって、立ちいかなくなることがある。そのとき、感情に身を任せた行動が、修羅場をこじらせ、あれほどまでに魅力のあった恋の相手も、幻滅の対象でしかなくなることもある。

千里は「マスターもかっこつけの意気地なしなんですよね」と言った。

愛した男が、いままで見せたことのない姿をさらしたとしても、それを責めたり罵ることはやめよう。それをしなかった千里は大人の女だったと思う。

そして、報われない恋に、潔くさよならをするのが、大人の恋の作法なのだと思う。

第4章

終わりの作法

不倫の恋には終わりがある。
ごく稀に、成就もある。
そして、一生をかけて貫くことも。
終わった恋のその先にも、
さまざまなドラマが始まる。

別れのシナリオ

二十五歳のとき、私は悲しい失恋を体験した。

尊敬して心から愛していた彼と三年ほど付き合っていた。彼とは、きっと結婚すると思っていたのだが、彼は私の知らない間に他の女性と結婚していた。

彼は演劇青年だった。自ら小さな劇団を主宰し、脚本、演出、出演もひとりでやっていた。公演を打つ度にかかる費用を、アルバイトで稼いでいたから、浪人して合格した大学からも遠ざかっていた。「チケットが売れない」「脚本が間に合わない」「劇団員とケンカした」といつも大騒ぎしていたが、とことん演劇が好きだという姿勢に、私は惚れ込んでしまった。

私よりもずっと物知りで人を束ねるリーダーシップに長けた彼を、最初は年上だと思っていたが、私より少し年下と聞いて驚いた。映画、音楽、古典芸能にも詳しいかなりのインテリだった。おまけにいつも「金欠だ」と言っている割に、「今日はバイトで臨時収入ゲットしたからお寿司屋に行こうよ」と、敷居の高そうな店にも連れて行ってくれた。頑固な寿司職人を前に慣れた振る舞いをする年下の彼は、私がこれまで付き合ったボーイフレンドとはまったく違うタイプの存在だった。

訊くと、実家は下町で商いを営んでいるという。祖父の代から続く老舗で、多趣味なのは祖父譲りだと言った。そして彼の父親は既に亡く、今は母親が代わりに店を切り盛りしているが、彼も三十歳を過ぎたら、三代目として店を継ぐ約束をしているのだと知った。

それまで好きなことをやっていいと許してくれる親に感謝し、二十代にとことん燃え尽きたら、真面目に実家の商売をやるという、彼の潔い決意に二度惚れし、以来、私の未来図は「演劇人の妻」から「下町の老舗の女将」に変わっていった。

もっとも、結婚はずっと先の話であった。彼は演劇に没頭し、私も駆け出しのライターとして目の前の仕事をこなすのが精一杯で、将来を語る余裕などなかった。

ただ、いくつか気になることがあった。ときどき会話の中で「いまどき、親の決めた許嫁《いいなずけ》と結婚する男ってどう思う?」「もし、俺が結婚して子どもがいても付き合ってくれるかな?」などと突然言い出したからだ。ドキッとして「え? どういうこと?」と訊き返すと、彼は決まって「今度の芝居の中に使う台詞だよ」と言って笑うのだが――。

もうひとつ、彼の家に電話をすると、決まって出てくる可愛い声の女性のことが気になっていた。彼は「店番をしている親戚の子」というのだが、夜遅くかけても出てくる。親戚なら一緒の家に住んでいても不思議ではないけれど、どことなく私の中では引っかかっていた。

あるとき、仕事仲間との飲み会で、誰かが彼の芝居を話題にしたら、別の誰かが「その劇作家の実家は下町の老舗で、彼もそのうち芝居を辞めて家業を継ぐらしい」という話をはじめた。そして、「老舗の後継ぎだけあって、若いのにもう結婚していて、母親と若い嫁が店を切り盛りしている」というのだ。私は自分の耳を疑った。全身から血が引いて、目の前が真っ暗になった。目の前が真っ暗に……というのはたとえの表現だと思っていたが、本当にショックを受けると、視界が消えて真っ暗になることを、このとき初めて体験した。

そして、心に引っかかっていた謎が解けた。彼の家の電話に出る可愛い声の主は彼のお嫁さんだったのだ。芝居の台詞だといってたが、「親の決めた許嫁」だったのだろうか。

恋愛ドラマには、必ず道化師のような役回りのキャラクターが登場するが、私もとんだピエロを演じていたのだ。あわれで、みじめで、腹立たしく、耐えられなくて、すぐに彼に電話しようと思ったが、いつも電話口に出てくる可愛い声を思い出すと、思いとどまった。

家に帰る気にはなれず、いつもいろんなアドバイスをくれる女性脚本家のマンションに

「話を聞いてほしい」と押しかけた。人生経験豊富な彼女は、私の話を聞くなり「面白い経験できてよかったじゃない」と笑った。物書きを生業にする私にとって、「わざわざ神様が用意してくれた最高のプレゼント」とまで言った。そして、鋭い目で私にどうしたいのかと訊いた。「彼が結婚していても付き合っていきたいのか？　それとも奥さんから奪い取りたいのか？　それとも終わらせたいのか？」と。

奪い取るなんてとんでもない。いくら好きでも、結婚していると知ったら、もう彼と付き合う気持ちにはなれなかった。不倫の恋などしたくないと思ったからだ。でも、彼に対して何か言わないと気持ちが収まらなかった。

「じゃあ、〝別れのシナリオ〟をちゃんと書きなさい」と彼女は言った。そして「ありきたりのシナリオじゃつまらない。彼の気持ちの先を読んで、彼に参ったと言わせるシナリオを書くのよ」と、注文をつけた。

私の書いた〝別れのシナリオ〟はこうなった。

i　暫くはこのまま騙されたまま、付き合おう。

ii　彼の口から、結婚をしていたことを告げられたら、にっこり笑って「知ってたよ」と言おう。

iii　そして、「さようなら」を言おう。

用意したシナリオ通り、私は暫く何も知らないふりをして、映画に行ったり食事に行ってデートをしていた。

だが、あるとき、三十歳まで劇団を続けたかったが、家の事情で次回の公演を最後に商売を継ぐことになったという話になった。そして意を決したのか、遂に彼は重い口を開いて「実は結婚していた」と告白した。

私は台本通りに「知ってたよ」と答えた。すると、彼は「何で今まで言わなかったんだよ」と絶句して泣き出した。

「亡くなった父の遺言で、結婚する相手を決めてたんだ。幼なじみで、よく知ってる子なんだ。苦労をかけた母もそれを望んでいたから」

と、初めて彼の事情を話してくれた。そして、

「恋愛できると思わなかった。でも、初めてこんな気持ちになった。ずっと愛してるよ。多分ずっとこの先も、君が好きだ」

私もつられて一緒に泣いた。それは脚本にはないことだった。

本当は、すぐに「さようなら」を言うはずだったが、言えなかった。別れるのが辛くな

り、知らない居酒屋に立ち寄った。

「ボトルを入れようか?」とフォアローゼスの瓶に、その日の日付けと、ふたりの名前を書いた。マスターや周りにも少しふるまったので、ボトルはだいぶ空いてしまった。それを見ながら、この恋がもう終わることをふたりとも感じていたと思う。少し残っていたから「家でキープしてよ」と彼が言うので「いつかまた飲めるかもね」と私は答えた。

その後も暫く、このウイスキーボトルは私の部屋に飾られていた。実ることのなかった恋だが、シナリオで用意していたよりも、いいラストシーンを飾ることができたと思う。

「これが最後の思い出デート」「これが最後の思い出ホテル」「これが最後の思い出旅行」「これが最後の思い出ディナー」……不倫の恋の幕引きに、別れのシナリオを用意しておけば、少し冷静で大人でいられる。

醜い修羅場を演じなくてもすむように、そして、シナリオを超えて美しく幕を閉じることができたら、この不倫の恋は色褪せることなく、人生の一ページを彩ってくれるだろう。

ごく稀な不倫の恋とは

不倫の恋は九十九パーセント成就しない。統計学的に、というよりもそういう戒めであると思っている。だいたい世の中の表に出てこない不倫の恋は数を確かめようがないから、不倫カップルのうち、何パーセントが結婚できるのかという計算が成り立たないのだ。

どんなに好きになっても、どれだけ愛し合っても、彼には帰る家があり、家には大事な妻子がいる——それはもう、どうしようもない事実だと、自分に言い聞かせて、この恋を続けるのか、終わりにするしか選択肢はないというのが実感なのだ。

一方で、有名な映画俳優やミュージシャンが、不倫の恋からの略奪愛を成就させたなどという記事を読むと、ため息が出る。「略奪愛は不可能ではない」と、つい夢を見てしまいそうになるが、よくよく考えてみると、並外れて豊かな経済力を持っているセレブだから可能なことなのだ。

著名なハリウッド俳優が、不倫が原因で妻と別れるときの慰謝料は、日本円に換算して億単位以上だ。妻も有名人で仕事に困ることがないので、離婚後はますます豊かに暮らして、さっさと新しい恋人を見つけるなど、離婚がダメージにならない。だが、ごくごく普通に生きているサラリーマンが不倫相手だと、海外セレブのようなわけにはいかないのだ。私が恋をした相手の多くは、努力家で仕事に恵まれていて、歳のわりには経済的に少しばかり余裕があった。しかし、離婚して妻に十分な慰謝料を払えるほど豊かではなかった。彼の妻は専業主婦で、パートに出ながら子育てに追われていると知れば、この不倫の恋が成就することなどまずない、と思うのであった。

もっとも、私の周りでも、めでたく結婚に至ったごく稀なケースもある。

「まさか、この歳になって、彼の苗字を名乗る日がくるとは思わなかった」

と、梓《あずさ》は苗字が変わった新しい名刺を、照れ笑いしながら差し出した。梓は四十九歳、彼と出会って十七年目にようやく春が巡ってきた。結婚相手は六十五歳のY氏。先妻が病気で亡くなり、三回忌を迎えた折に、息子達から「オヤジひとりの老後が心配だから、再婚すればどうか?」と勧められたのがきっかけだった。「待たせてる女性がいるだろ?」と息子達に言われ、梓と再婚する気持ちを固めたという。

ごく内輪で祝ったという結婚披露パーティの写真には、彼の二人の息子の家族もみな笑顔で写っていた。息子たちにはそれぞれ子どももいる。

「結婚したら、いきなり三人の孫のおばあちゃんになってしまって」

と梓は目を細めた。だが、ここまでが長い長い道のりだった。

梓は画家。三十代のころは、服飾デザイナーが彼女の絵を気に入ってＴシャツのモチーフにしたり、レストランの内装の壁画をペイントしたりと、活躍の場を広げて注目を浴びていた新進気鋭のアーティストだった。

梓には世に売り出そうと画策してくれる有能なスタッフがいた。それがフリーランスの雑誌記者、Ｙ氏だった。出会いのきっかけは、梓が個展の相談をしに訪ねたギャラリーのオーナーが、Ｙ氏を「古い親友で有能な雑誌記者」だといって梓に紹介したことだった。

「彼は、とりわけアートに造詣が深くて、アドバイスも的確でした。やや難解な絵を描く私の作風にユニークな解釈をしてくれるし、良き理解者だった彼には、ずっとそばにいてほしいと思うようになったんです」

梓の個展を実現させるためにＹ氏はプロデュースを喜んで引き受けた。梓は東京郊外のアパート暮らしで、絵画教室の講師をいくつも掛けもって生計を立てていたが、Ｙ氏はイメージ戦略のために、軽井沢の別荘地に小さなアトリエを借りてきた。梓は軽井沢に移り住み、作品を描くことに集中し、同時にその場所で彼と愛を育んでいった。

Y氏のプロデュースによる梓の個展は、小規模ながらそれなりに成果を上げた。あらかじめ宣伝になる記事をY氏自らが雑誌に掲載したのも効果的だった。梓が自身の絵をモチーフにしたTシャツを着ている写真を記事に載せたら、個展でもTシャツがよく売れ、アパレル業界から引き合いがあって次のビジネスに繋がっていったからだ。

しかし、Y氏が梓に入れ込む姿に、妻が疑いを持ちはじめ、修羅場がはじまった。

雑誌記者は取材を口実に地方や海外に出かけていくこともできるから、軽井沢の梓の元に彼が足繁く通ってきていても、最初はうまくごまかしがきいたという。Y氏は著名な音楽家の演奏ツアーに同行取材したり、新作映画に挑む女優をロケ地まで追ってインタビュー記事を書くこともあったので、妻が疑いを抱くとは思っていなかった。

「でも奥さんの勘はするどかった。私は有名な売れっ子ではないから、〈なんで、そこまで熱心になれるんだろう?〉って思っていたみたいです」

決定打となったのは、Y氏の取材旅行に梓が同行したことだった。ある食通タレントが沖縄の泡盛を味わうという特集記事で、島の人々の中に梓が写っていたのだ。

「〈なんで軽井沢の画家さんをわざわざ沖縄に連れていったの?〉って奥さんに問い詰められたそうです。顔は写ってなくて後姿の写真でしたけど、宣伝になればいいと思って、商品化されたＴシャツを着ていたんです」

Ｙ氏の妻は夫が雑誌に書いた記事を全部スクラップしていたという。記事を全部スクラップしているのは夫の仕事を誇りに思う妻の気持ちの表れだが、そこに夫に疑いを抱く嫉妬心が重なれば、記事を眺める目も一層厳しくなって、普通なら誰も気に留めない些細なことにも目が行くのは当然のことだ。

しかしＹ氏は、妻に梓を沖縄に連れていったことは認めても、男女の関係ではないと言い張った。才能ある新人の画家をプロデュースしているだけで、そこには恋愛感情はない。山にこもっている画家に、海のきれいな沖縄を見せて、新しいテーマを見つけてもらいたかったから連れて行っただけだと、突っぱねた。

それでも妻の疑いは晴れず、嫉妬も収まらなかった。たとえ、男女の関係がないとしても、若い女性の才能に惚れ込んで、一流の画家に育てようと夢中になっている夫の姿を黙って見守る妻も辛い――だが、夫が雑誌記者としてやりがいのある取材対象を見つけて良い記事をたくさん書くことで、一家の生計が成り立っている。二人の子どもを大学までやれるのも、庭付きの戸建て住宅に暮らせるのも夫の稼ぎがあってのこと。

「沖縄の一件があってからは、彼が週末に軽井沢にこようとすると、決まって奥さんの体調が悪くなって、パニック障害みたいな症状を起こして、救急車を呼ぶほどの騒ぎになったみたいです。でも病院で診てもらったら、問題はなかったようなことが何度か続いて」

Y氏の妻は、発散できないままストレスを溜め込んでしまったのだろうか。梓は付き合い始めて一年ほど経って、初めて恋人の家庭の事情の詳細を知ることになった。

「彼は、故郷でひとり暮らしをしていたお母さんも呼んで、同居していたんですね。認知症がちょっとあって、そのお世話も奥さんがしていたので、彼は〈カミさんが倒れると、家を空け辛くなる、仕事ができない〉と困っていました。でも、家のことを全部ひとりで背負わされていたら、誰だってストレスは溜まるでしょう。しかも、ストレスの最大の原因は私という存在ですからね」

それでも、梓は引き下がる気はなかった。彼を愛することが創作への意欲に繋がっていたからだ。彼が軽井沢に来られないなら、自分から会いに行こうと、その口実に、梓は再び東京で絵画教室をはじめた。

「以前教えていた生徒達から教室再開を希望する声が多かったこともあって、我が家のリビングを教室に使ってくださいと申し出てくれた生徒の家で新しい教室をはじめました。そこは、〝妻の気持ち〟を学ぶ勉強の場にもなりました。雑談で芸能ニュースが話題になると、どんなに柔軟な発想ができる生徒さんでも、世間を騒がしている〈不倫の恋なんて絶対に許せない〉という感覚だということも理解しました。でも、ある生徒さんが、〈絶対に誰にもわからないようにするのだったら、見事だと思う〉と言ったのが心に響いて……」

教室が終わると、梓は翻えって、本来の奔放な姿で、恋人とデートを重ねた。たとえ世間に受け容れられない恋でも、一途にこの恋に賭けようと強い思いがあった。

「もし、誰かに少しでも怪しいと思われたら、この恋は終わる。だから、絶対に秘密で押し通すって心に決めました」

梓は軽井沢を引き払って、また東京近郊に戻ってきた。Y氏に頼らず、自分で積極的に仕事を取るように努力もした。Y氏も表向きは梓のプロデュースを離れ、裏方の目立たないアドバイザーになった。もちろん、梓とY氏の愛情関係は深く静かに続いていた。

そうやって、十年が過ぎたころ、梓とY氏の別れの時が来た。Y氏の妻に病が発覚し、余命宣告が下されたのだ。もうすぐ還暦を迎えるY氏は、闘病の妻に付き添い、八十歳を過ぎた認知症の母親と、二人の介護に時間を割きたいと言った。梓は彼の気持ちを汲んだ。

「いつまで、会えないとか、期限のある話ではないので、私はこのまま、もう会えなくなるかなと覚悟しました。彼は、〈君は新しい恋を見つけてもいいんだよ〉って言ってくれました。これも新しい未来へ進むきっかけかなと考えて、実は婚活もしたのですよ。これという結婚相手には巡り合えませんでしたが……」

一年後、彼の妻が亡くなったと、彼から連絡がきた。

「でも、すぐには会いませんでした。〈落ち着いたら、いつか会えるかな〉と言ってくれたけど、そのまま一年が過ぎ、二年が過ぎて、さすがにもう会うことはないなと思いました」

ところが、再び連絡があり、会って話したいことがあると言われ、再婚を切り出されたのだ。連絡が滞ったのは、Y氏の妻が亡くなった後、高齢の母親も看取ったからだという。立て続けに妻と母親を見送って、久しぶりに会ったY氏はかなり疲れ切った表情をしていたという。

「背中を丸めてぽつんと家にいる彼の姿を想像すると、なんともいえない気持ちになりました。きっと息子さんたちも心配だったのでしょう。でもまさか、息子さんたちが再婚を勧めてくれたなんて、びっくりです。そんな展開になるとは思ってもいなかったから」

Y氏の二人の息子たちも三十代になり、家庭を持つ年齢になっていた。ようやく、父親の心情を理解できるようになったのだろうか。きっと、母親からやりきれない気持ちをぶつけられていたこともあっただろう。そうでなくても、子ども達は両親の間に何か問題が起きていたことを敏感に察していたはずだ。そんな息子達が、かつて自分の母を泣かせた女性の存在を、認めようという大人の判断をしたのだ。

稀なケースだと思う。それは望んで叶うものではない。ひたすら、ずっと、ずっと待ち続けていれば、こういう春も巡ってくることがある。

多くの例を見れば、不倫の恋は成就しないものと自分に言い聞かせて、早い段階で終わらせる選択肢が望ましいが、ふたりの愛が大きく確かなものと信じられるなら、待ち続けることを選ぶ人生にもエールを送りたい。

不倫の恋を貫けますか？

二十五歳の失恋から数年経ったころだ。そろそろ新しい恋をしてもいいと思いながらも、なかなか人を好きになれず、いつまでも失恋を引きずっている自分が情けなかった。あるとき、仕事仲間の同業の先輩が優しい眼差しで私を見ているのを感じて、誘われるままデートをするようになった。１ＤＫのアパートにひとり暮らしだったので、てっきり独身だと思っていたら、「別居中の妻がいる。子どもを連れて実家に戻ったんだ」と打ち明けられた。

既婚者へのトラウマから、大いにとまどった。ところが「離婚話を進めているから、何の問題もない」と、自信たっぷりに言う彼と付き合いを深めるうちに、しょうこりもなく、再度、妻のいる男性に恋をし、今度こそと〝結婚〟の二文字を思い描くようになった。

彼は時代のトレンドには敏感で、服装のセンスも良く、男としての魅力に溢れていた。「なのに、どうして奥さんは実家に帰ったのだろう？」と疑問に思った。

すると、彼は「妻とは喧嘩して、家を出てきたのは俺の方だ」と言った。彼の妻は専業主婦で賃貸マンションの家賃が払えず、仕方なく実家に戻ったというわけだ。

喧嘩の原因は何かと訊いたら、彼のプライドを傷つけられたことだと答えた。彼の妻は、人生設計がしっかりしていて、何歳までに結婚、出産、そしてマイホームを建てるかをきちんと計画している人だった。だが、フリーランスの文筆業をやっている彼はなかなか銀行ローンも組めない。妻はそれを小馬鹿にしたように、実家の父親に頭金を借りた上に、ローンの名義人になってもらってでも家を買うと言い出したのが、彼には我慢できなかったようだ。

確かに、三十歳を過ぎて、頑張って仕事をしている男性にとっては屈辱的なことだ。彼は組織に属さず一人で世間に挑んでいた。安定した月給も、ボーナスもない。しかし、自分のやり甲斐のあるテーマを求めて筆一本で勝負する人生に誇りを持っていた。

私はそういう彼の野武士の如く筋の通ったところが好きになった。私もフリーランスの物書きとして、彼と同じ気持で、同志として生きていこうと思った。

ただ、私はそのころはまだ親元で暮らしていて、彼の住むアパートに通っていたので、親にはどう説明したらいいのか、悩んでしまった。マスコミ業界は夜中に仕事をすることも珍しいことではないので、深夜帰宅には両親も慣れっこになっていた。が、さすがに朝帰りが続くときの言い訳には困った。このまま結婚を前提として付き合っていくのなら、両親にも彼をちゃんと紹介しなければならない。果たして賛成してくれるだろうかと、いささか心配だった。それでも、私がどれだけ彼を好きで、ふたりがどんなに愛し合っているかをちゃんと示せば両親を説得できる、いや説得しなければならないと、自分を奮い立たせていた。

ところが、いっこうに、彼の離婚が成立する気配がない。それどころか、妻から電話があって、週末に妻子とテーマパークに行く約束をさせられているのを見て、私は途端に不機嫌になった。「今日はちょっと」と私とのデートをキャンセルしたときは、たいてい妻子と会っているのを薄々感づいていた。

別居するほど夫婦の仲はこじれていたのは事実だけれど、彼の妻は決して離婚を望んではいないことがわかった。子どものためにもよりを戻そうとしているのだ。しかも、彼自身が、子どもを愛しているという空気を私は読んでいた。「娘がパパって甘えてくるとやっぱり可愛いよな」という彼の言葉によって、私の気持ちはこの恋をあきらめる方向に傾いていった。

「奥さんとだって、まだ、仲いいじゃない」と言うと、彼は無言になった。その日は、泊っていく気になれず、だが、終電は過ぎていたので、車で家まで送ってほしいというと、彼は「勝手に帰れ」といわんばかりに、ビールを飲みはじめた。そして吐き捨てたように「いつまで親元で暮らしてんだよ。子どもじゃあるまいし」と言い放った。

付き合い始めたころは、深夜でもちゃんと車で家に送り届けてくれてはいたが、彼の内心は、私が一緒に生活を始めようとしないことが不満のようだった。

だが、それはちゃんと離婚が成立して結婚が見えてからのことだと私は思っていた。そもそも、以前の経験があったので、二度と不倫の恋などしたくないと思っていた。ついに、我慢の限界がきて、「冗談じゃない。こんなのは嫌。私は都合のいい女じゃないんだから！」と、彼にぶちまけて、私は彼のアパートから出て行った。住宅街は凍るように寒く冷たかった。薄暗い街灯を頼りに歩いても、歩いても、なかなかタクシーが見つからず、辛く惨めな真冬の深夜だった。

その後、彼からは何度か電話があった。「妻とよりを戻すことはない」と言われても「愛しているのは君だけだ」と言われても「全部、口先だけで言ってるとしか思えない。行動で示してよ」とまた私は悪態をついた。ちゃんと〝離婚しました〟という証《あかし》を見せてくれないと、納得できないとまで言った。もう、私の心の中では、彼を好きだという気持ちに戻れなくて、この恋を終わらせてしまったのだ。

これは後味の良くない恋だった。最初は、同業の先輩として尊敬から芽生えた愛も、ビールを飲んで、私を追っ払ったときの顔ばかりが目に浮かんで、すっかり萎えてしまったのだ。もちろん、完璧な人間はいない。お互いの弱い部分や醜い部分も曝《さら》け出して、そして認め合って、補い合いながら生きていくのが男女の付き合いだと思う。そのために、ぶつかり合って喧嘩をしても、結果、互いが成長し、もっといつくしみあえるのなら、それが愛だといえる。でも、罵《のの》り合って、互いを蔑《さげす》んだり貶《おと》めたりするだけの修羅場など、ただただ後ろ向きで、体力気力の消耗にすぎない。

二十代のころ、周りのカップルは大抵、付き合い始めてから半年ぐらいまでに結婚を意識し、一、二年の間に結婚していた。

だから、この先ふたりはどうなるのだろうと考えたとき、半年経っても、先の見えない迷路を回っているだけで、出口への光がないと思ったら、次の新たな恋への可能性を考える。ずるずる付き合っても、二年が限度。特に、二十代後半は、三十歳までになんとかしたいと思う〃崖っぷち感〃が迫ってくるから、なおさらだった。

私もその例に漏《もれ》ず、というか、それを法則のようにして、長くならないうちに幕を降ろしてきた。どんなに好きでも、どんなに愛していても、前向きに進展しない恋は、後味の悪い修羅場を迎えるからだ。

修羅場を回避し、もう会う必要がないと思ったら、こちらから連絡するのを控えて、ゆっくり潮が引くように距離を置くことで終わらせる。もちろん、けじめをつけなければいけないので、暫く会わない期間が過ぎてから、ポンとメールを送るのだ。「楽しい時間をありがとう！　これからもお元気で。遠くからお幸せを祈ってます」と。

インテリアデザイナーの順子は、四十五歳の誕生日に、ごく親しい友人を集めてパートナーのS氏と一生添い遂げるという決意表明をした。

彼は順子より六歳年上で、同じ設計事務所に所属する建築士。ふたりは生活もともにし、もう五年になる。事務所内ではもちろん、ふたりをよく知る仕事仲間の間では、すでに公然の仲でもある。

ただし、S氏には長らく別居中の妻がいて、妻との間に中学生の娘がいる。もっとも、順子と知り合う以前から妻と別居しているので、順子に対しては〝略奪愛〟というイメージはない。むしろ、周りは、早くS氏がけじめをつけて、順子とちゃんと結婚してほしいと願っていた。

順子の誕生日には明るい報告が聞かれるのではないかと、期待した仲間も多かったが、結論からいうと、S氏は妻と別居状態だが、離婚はしない。この先も順子と一緒に暮らすが結婚はしない。その形を順子も納得しているということを、みんなに伝えた。よく話し合って出した彼らなりの〝生き方表明〟は、堂々とした大人の決意で、その場にいた仲間が、拍手で祝福した。

「法律で定められた結婚とかそういうこと以前に、仲間に理解してもらって応援してもらえるのが嬉しい」と順子は目を潤ませた。

S氏の妻も建築士で、かつてはこの事務所に所属していた。だが、あるプロジェクトの設計を夫婦で担当したとき、仕事上の意見の食い違いがきっかけとなって、夫婦仲に溝ができた。妻は事務所を去り、そのことが尾を引いて夫婦は別居したという。

「彼は離婚の話し合いを進めていたようですが、私と付き合いはじめたことを知って、奥さんは離婚話を拒むようになったそうです」

女の気持ちは複雑だ。もう愛情が感じられない夫に対しても、やはり嫉妬するのだ。S氏の妻は、順子との交際は「どうぞご勝手に」とスルーする代わりに「娘にはちゃんと父親の役目を果たしてね」と釘をさした。そしてリクエストがあれば、週末や休日には娘が待つ家にS氏は戻っていくという生活を続けていた。高校受験に向けて父親のアドバイスを娘が求めてくることも多くなり、離れていても、父と娘の絆は揺るぎないようだ。

順子にも、もちろん葛藤はあった。

「付き合いはじめたころは、普通に結婚を望んでいました。彼の離婚話がこじれたときは、別れることも考えました。でも、私達ふたりの愛情と、彼の父親としての愛情は別個にそれぞれ存在してることを受け止められるようになってきたら、吹っ切れたんです。なんで、形ばかりにこだわってるんだろう？　これも幸せな選択だって、みんなに言えるようにしなくちゃだめだって思ったんです」

順子はS氏の〝家庭の事情〟を納得した上で、いわば「事実婚」を選んだのだ。

「三十代のころは、仕事には恵まれたけど、いい出会いはなくて、半ば恋とか結婚はあきらめモードでした。でも、恋は何歳からでもできるんですね。子どもが欲しくなかったかと言えば嘘になるけど、彼にはもう子どももいるし、私も年齢も考えて、とにかく、彼と一生添い遂げることができたら幸せだと思っています」

結婚していないカップルが一緒に暮らす場合、かつては〝内縁〟と呼ばれた。そして既婚者と暮らす女性は〝愛人〟とも呼ばれた。

「内縁とか愛人という言葉が大嫌い。結婚という制度にとらわれない自由なカップルとして堂々と生きていたい」と順子はいう。

私も「内縁」という言葉は、「内密」「内緒」などと同じで光の当たらないネガティブなイメージがあって、積極的に使いたくない。「愛人」も、男性に囲われて(=お金で買われて)いるイメージが強くて厭な響きがある。

仕事を持って稼ぎがあって、経済的に男性に依存しなくても生きていける場合は、「愛人」なんて言われたくないだろう。経済的に自立できなくても、ちゃんと生活の役割分担を果たしていれば、決して女性が卑屈になることはない。カップルの基本はフィフティフィフティの対等な関係でなければならない。

事実婚状態のことを、「フランス婚」と呼ぶ人もいる。現代のフランスでは事実婚が多い。そして、世間の目が正式に結婚していないカップルに冷たい目を向けることはない。

もっとも、フランスの結婚制度は、敬虔なカトリックの教えに基づいて、神様の前で誓うのが原則だから離婚するのが大変むずかしい。しかも手続きとしては弁護士を立てて裁判をするので費用と時間もかかる。一方で合理的に行動する現代のフランス人は、夫婦の愛情がなくなると、煩雑な離婚を避けてまずは別居に落ち着く。そして新しい恋人とは、事実婚的な形をとるケースが増えている。また若い世代は最初から結婚を選ばず、本当に愛情が確信できるまでは事実婚を選ぶ傾向にある。

つまり、フランスでは順子とＳ氏のようなカップルは、堂々と世の中に存在できる。日本も愛情がなくなった夫婦は我慢せずに別居をして、愛する恋人と暮らすことを世の中が当たり前のように受け容れてくれたら、不倫がこれほどまでにスキャンダラスにならず、窮屈なものでもなくなると思う。

ただし、夫婦間と親子間は別の感情と絆がある。もちろん、子どもの立場で言えば、両親が仲良く愛し合っている方がいいに決まっている。だが、仮面夫婦を演じて、争いごとの絶えない両親にやきもきしながら暮らすよりは、自分の気持ちに正直に生きることを選ぶ親の背中を見つめる方が子どもにとっても健全だと思うが、いかがだろうか。

思えば、私が経験した恋も、順子の状況によく似ていた。ただ二十代の若いころには、深く考えることなく放棄してしまったが、順子のように、きちんと自分の生き方を周囲に示す潔さは、とても大切なことだと思う。

平和に営まれている家庭には波風を立てず、家族を巻き込むことも傷つけることもなく、その不倫の恋は、当事者のふたりだけで秘密を守って貫くべきだが、それがすべてではない。

人間はいくつになっても、恋をすることができる。ある年齢になったら、世の中のしがらみを解きほぐし、本当に一番自分にとって大切な愛に堂々と生きてみたいと思う。形や制度にこだわらず、不倫の恋を公にしながら生涯貫くのも、ひとつの選択だといえる。

消えない未練を断つには

不倫の恋は終わっても、未練がつきまとうことは多い。

嫌いになって別れたのではない場合、心のどこかに「まだ好き……」という気持ちが残っていると、未練はなかなか消えない。

フォトグラファーのまどかは、二十八歳になったとき、長く続いた不倫の恋に幕を下ろし、結婚という新しい人生を選んだ。

「三十歳までに、なんとか結婚したいという気持ちがありました。でも、私の二十代は不倫の恋にどっぷりつかって、このままだと結婚のチャンスはないなあと、だんだん焦る気持ちが強くなったんです」

まどかの恋人は、七歳年上で同業の先輩。専門学校を出たばかりのまどかが最初にアシスタントについた、いわば師匠だった。師匠のもとで二年間修業したあとは、別のフォトスタジオに所属という形をとって独立したが、仕事の悩みを相談するなど、親身になってアドバイスしてくれる師匠への気持ちは、尊敬と憧れから愛情に変わり、それを受けとめてくれた師匠と恋愛関係に発展していった。しかし、彼は既婚者だから、どんなに愛しても結婚は望めない恋だった。

「先生は、女性に優しいのですごくモテるんです。モデルさんとか、メイクさんとか、先生と噂になった人もたくさんいるので、私なんか相手にしてもらえるとは思ってもみなかったんです。でも、付き合ってみると、先生はとても誠実で、忙しい時間をやりくりして、〈遅くなるけど待ってて〉と、時間を作って会いにきてくれました」

気がつけば五年経っていた。たとえ不倫の恋であっても、遊びではない彼の〝ひたむきさ〟が感じられ、まどかは偽りではない愛を確信していた。

「他にも恋のライバルはいたかもしれません。噂があっても気にしませんでした。でも、私がどうやってもかなわないなと思ったのは、先生の奥さんに対する思いでした」

ある写真誌に、師匠が自分の家族を撮影して作品を載せていた。

「それを見たとき、なんてほほえましい家族なんだろうって思って」

レンズ越しの被写体に寄せる撮影者の気持ちは、同じフォグラファーのまどかには胸を衝くように感じられた。

「何も言わず黙って夫を支えてくれる奥さんへの感謝のような、何か特別な思いを感じて、私はものすごく嫉妬してしまったんです」

まどかはアラサーと呼ばれる年齢になっていた。まどかにも結婚願望はあった。仕事にも生きがいは感じていたけれど、「妻になり、母になる」ことにも夢があった。

ある雑誌の特集で家具職人を取材したとき、まどかは軽い気持ちで「お嫁さん募集中の若い職人さんいませんか？」と訊いたら、親方のお内儀さんからすぐに「腕のいい弟子がいるんだけど」と結婚相手を紹介された。まどかより一歳下の若い家具職人だった。

「真面目で感じのいい人だったので、この縁談に乗っかってみようと思いました。お内儀さんが、〈こういうことは、周りが世話をやいた方がいいのよ〉といって、あっという間に三ヵ月先の結婚の日取りまで決めてしまったんです」

この勢いが、まどかに新しい未来をもたらした。そして、結婚が決まったことは、すぐに〝師匠〟にも報告した。

「いきなりで、驚いていましたけど〈まどかが幸せになることを、俺が止める立場じゃない〉って祝福してくれました」

しかし、彼女を愛した男であれば、自分の手元から飛びたっていくまどかに対して、未練の気持ちを抱くのは、当然のことだ。まどかも、同じだ。五年という歳月を費やして育んだ愛に未練はあった。

「先生のことが嫌いになったわけじゃないから。好きだという気持ちはそのままですから。それに、結婚相手とは恋愛していないので、どこか〝不完全燃焼〟的な感覚を引きずっていました」

それでも、結婚する日は着実に近づいてくる。派手なことは好まず、ごく内輪で祝う地味婚——年齢も考えて、できるだけ早く子どもも欲しい——そのためにまどかはしばらくは仕事もセーブすることにした。

そして、ひとり暮らしのアパートを引き払うために、引っ越しの荷物を詰めていた。すると夜遅くに、まどかの部屋のインターホンが鳴った。

「ドアののぞき穴から先生の姿が見えたんです。以前なら、早く来てほしいって待ちこがれていたインターホンの音でしたけれど、さすがにこのときはドアを開けるのをためらいました」

次にスマホが鳴った。それも無視していると、SNSでメッセージがきた。「もう一度だけ、会いたい」と、何度も送られてくる。

「私も、最後の思い出にドアを開けようかなと気持ちが揺れました。わざわざ来てくれたのに、返事もしないのは、冷たすぎるかなあって。でも……」

思いとどまったのは正解だと思う。ドアを開けてしまったら、消えない未練の火種に油を注ぎ、その先はW不倫という後戻りのできない泥沼にはまっていったかもしれない。

「それが、ちょうど結婚相手から贈られた姫鏡台を眺めていたときだったんです。テーブルの上に置いても邪魔にならないようなコンパクトな鏡が付いた小物入れで、手作りの世界に一つしかないものです。私はこれを作ってくれた人のところへお嫁にいくんだなあって思ったら、やっぱりドアは開けられなくて。鏡に映った顔は、まるで結婚相手に心を見透かされているような気がして」

まどかは、ドアの外に佇んでいる恋人に短いメッセージを送った。「私は幸せになります。遠くから見守ってください」と。

返信はなかったので、少し時間をおいて、そっとのぞき穴を窺うと、もう彼の姿はなかったという。

「やっぱり、すごく辛い気分でした。先生を追い返したことで、気がとがめました。帰っていく姿を想像したら、泣けてきて」

不倫の恋に幕を降ろすのも、未練を断ち切るのも、新しい人生を切り開いていくのも、心が相当タフじゃなければいけない。

しかし、まどかは、うやむやにせずにきちんと自分の意思を告げた。それは自ら選んだ結婚に対しての誠意であると同時に、これまで育んできた恋を誇りに思う気持ちがあったからだ。たとえ不倫の恋であっても、心から人を愛したことの証でもある。かつて愛した人をずっと大切に思う感謝の気持ちがあれば、未練に打ち克つことができるだろう。


「できることなら、もう一度彼女に会いたい」

と別れた恋人への未練を語る男性は私の周りでも少なくない。

私の飲み仲間の、今年五十歳になるN氏。三年前に別れた彼女は、「不倫」という言葉がそもそも嫌いだったという。「私と付き合うなら、きちんとけじめをつけて」と言われたが、離婚を妻に切り出すことはできず、多くの男性と同じように、妻に知られないように、隠し通して彼女と付き合ってきたという。

「夫婦の営みからは遠ざかっていたけれど、決して仲は悪くなかったから」というのが理由だが、それが不倫する男に最も多く見られる典型的なパターンなのだ。妻は専業主婦、子どもたちは大学進学を目指し、家のローンもある――N氏は一家の大黒柱として、家庭を守る責任感と正義感の強い父親だ。世の中で不倫をしているのは、ちゃらちゃらした浮気性の男だけではない。ごく普通の父親が、不倫の恋に落ちる。むしろそのケースが、大部分を占めるから、妻との離婚に至らないのだ。

N氏も彼女に「けじめをつけて」と言われても、何もアクションを起こすことはなかった。もっとも、稀に本気の行動に出る男性もいる。定年を迎えて、社会的なしがらみがなくなったところで、〈本当に愛する女性と残りの人生を過ごしたい〉と熟年離婚に踏み切るケースもある。N氏もそんな人生を夢に描いてはいるが、「じゃあ、奥さんと別れられる？」と訊くといつまでたっても「それはできない」と答える。「妻への愛はまた別のものだから」という気持ちも変わらない。いや、むしろ、ある程度の年齢になると、身体が弱ってきたり、より互いの支えが必要となり、夫婦として添い遂げようとする意識は強くなる。

だから、不倫相手の女性への未練が残るのだ。

「彼女か妻かどちらかを選べと言われても、選べなかった。情けない男だよね」と、ため息をついた。

いいえ、どうか〝情けない男〟と自分を決めつけないでほしいと思う。

N氏のような選択をした男性達から、私達は潔く身を引いただけ。決して情けない男だと烙印を押して別れたのではない。一生懸命、家庭を守ってきたその誠意を理解し、ちゃんとエールを送っているのだから……。

私は、数ある不倫の恋を描いた映画の中で、一九九三年の『エイジ・オブ・イノセンス／汚れなき情事』のラストシーンがとても好きだ。ダニエル・デイ＝ルイス演じる主人公が、若き日に不倫の恋をした女性（ミシェル・ファイファーが演じていた）に会いに、NYからわざわざパリまでやってくるのだが……。

もうすぐ、目の前にずっと会いたいと思っていた女性が現れるというところで、ふと立ち止まるのだ。

「会ってまた、何が始まるのだろうか?」と、男は考えたに違いない。美しい思い出以上に何があるだろう?

結局会わずに、彼女の住むアパルトマンの前で踵を返して去っていく。

その姿が、未練を断つ男の姿としてあまりに美しく、不倫の恋がイノセンス＝純粋で崇高な愛に変わった瞬間を味わった。

ちょうどそのころ、私はひとつ、不倫の恋を終わらせていた。

映画を観ながら、自分の恋を重ねてみると、実らぬ恋を再び追いかけても、同じことを繰り返すだけだと、気づいた。

映画の主人公は歳をとってしまって、想い出に生きようとするが、そのとき、私はまだ若かったから、後向きにならず、新しい恋に生きようと自分を奮い立たせたのだった。

その後も、私の心の中に未練の風が吹いたときは、この映画のシーンをいつも思い出すようにしている。

フィジカルとメンタルに向き合って新しいステージへ

何歳になっても、枯れない男がいる。

個人的には、八十七歳で亡くなったフランスの俳優ジャン・ロシュフォール（パトリス・ルコント監督作品『髪結いの亭主』に主演）に猛烈な色気を感じていた。プライベートでは事実婚も含めて三回結婚しているが、三回目の結婚は五十九歳、五人目の子どもは六十二歳でもうけている。ちょっと面長な顔立ちは好みではなかったが、八十歳を過ぎても気品を損なわない艶が漂っていた。もし、彼のような熟年男性が目の前に舞い降りたら、たちまち恋に落ちてしまうかもしれない。

七十代で亡くなったある文筆家の法事に参加した時、彼の子息から「オヤジが亡くなった後で、もう一人子どもがいたことが発覚して」という話を聞かされた。彼にとって三番目の子どもは、まだ三歳。亡くなる直前に付き合っていた女性との間に生まれていたという。その女性はまだ三十になったばかりだというから、文筆家は四十歳ほどの年齢差の彼女と、熱愛に生きるという人生を全うしたことになる。

彼の子息は「姉貴と二人でDNA鑑定に協力したんですよ。まさか、自分の娘より若い〝妹〟ができるとは思わなかった」と苦笑いをしていた。

その文筆家は若いころから何人もの女性と浮名を流していた。すでに離婚歴があり、今の妻とは再婚。「姉貴が生まれたときは、父はまだ前の結婚が続いていて、母はシングルマザーでした。しかも、親父には、他にも付き合っていた女性がいた。結局子どもを産んだ母の粘り勝ちです」という壮絶なバトルがあったことも知らされた。そういう歴史があったので、新たな女性の出現があっても、家族は誰も驚かなかったという。もっとも「六十代になった父は、僕らの前では孫に目を細めるおじいちゃんになっていた」というから、まさかと思っていたらしい。しかし、かの文筆家は、七十になってもなお、枯れてはいなかったのだ。

このような枯れない逞しいシルバー世代が存在すると、若い女性のハートも魅了して、不倫の風はなかなか吹きやまないだろう。なにせ、若い世代の男性たちには、枯れないシルバー世代とは真逆の草食系男子が増えているからだ。

さて、枯れないシルバー世代を目標に、恋する気持ちを失わない四、五十歳には、デリケートな問題を抱えているケースがある。

マリンショップにつとめる秀美は四十八歳。彼のことで相談事があるというので話を聞いたら「セックスレス不倫ってありかな？」と、いきなり打ち明けられた。

意外だった。秀美の彼は、海の男。マリンスポーツで鍛えた筋肉質の身体が自慢の五十四歳だ。枯れるには少し早すぎないか。

というか、いつも秀美が私に愚痴るのは、「彼が若い女の子にモテるので、浮気されたら困る」という類のことだった。妻子がいても、五十代でも、サーフィンを教えた女子大生から「好きです」と告白されて「付き合ってもいいか？」と本気で秀美に訊いてくるので腹が立つと怒っていた。

そのたびに、若さを持て余した元気な恋人がいることを、羨ましいとさえ思っていた。だが、最近になって、急に枯れてきて、彼が気にして落ち込んでいるというから驚きだった。

「同い年の友人は、まだまだ枯れずに現役だっていうのに、なんで俺だけ？ってすごく焦っているんです。でも、セックスができなくなったから、はい、サイナラ！っていうつもりはないの。不倫の関係でも、私たちは愛し合っているんだもん」

秀美も本音は寂しいのだろう。彼と付き合い始めたころに秀美から聞かされた〝自慢〟

を私は忘れない。

「彼は家ではセックスレスだったの。お子さんが生まれてから、ちょっと広めの家に引っ越したら、奥さんは寝室を別にしたんですって。で、彼はもうセックスができなくなるかと自信を失ってたら、私とはとても相性が良いらしくて、元気を取り戻したのね」

だから、ずっと秀美は彼を枯れさせない自信があった。「彼が若い子にモテるのも、私が彼を鍛えているから」だと得意げに言う秀美は、腹を立ててるふりをしながら、どこか嬉しそうだった。

けれども、彼は口先だけでなく本当に、現役女子大生とデートをしたことがあった。一夜をともにしたと聞いて、思わず私は心配になった。

「まずくない？　まだ恋愛経験も少ない女子大生が、本気で彼と結婚したいって思い詰めたらどうするのかしら。彼は、子どもがまだ小学生で離婚なんかできないんでしょ。秀美のように、上手に恋ができる大人じゃないのよ」

と、秀美に代わって私が怒りをぶちまけると、秀美は案外冷静で、

「枯れない自分を取り戻し、男である証明がほしかったのだと思う。でもね、笑っちゃうのよ。実はうまくいかなかったんだって。意気揚々とデートに臨んだのに、いざというと

きに自信が持てなくなって、結局、男女の関係には至らず、終わってしまったのね。ただ腕枕で寝てただけ。しかも、女子大生には見栄を張って〈僕は君の足ながおじさんだからね。将来の結婚相手のために自分を大切にしなさい〉、って言ったらしいの」

秀美は大人である。八年も彼に寄り添ってきた愛は、とことん優しい愛だった。

妻子がいて、また秀美という存在がありながら、女子大生に恋をした彼。しかも、妻には絶対秘密だが、秀美には気を許して何でも打ち明けようとする。なんて無神経で節操の無い振る舞いをするのかと、私だったら付き合いきれないが、秀美には受け容れる包容力がある。そして「せっかく若い女の子とチャンスがあっても何もできなかったなんて、すごく切ないよね」とまで言う。

「でもスキンシップがあればね、愛し合えるのよ。身体じゃなくてコロロの問題ね。ココロまで枯れたらアウト。ココロを潤すことが大事なのよ」

と秀美は、枯れ始めた海の男に、今までどおり、不倫の恋のまま沿い遂げる覚悟だ。

海で鍛えた彼は、いかにも健康そのもの。だが、メンタルな面で何かが影響しているのだろうか。家庭のこと、そして仕事のこと、将来のこと……。現代社会において、フィジカルとメンタルのバランスを健全に保つのは案外むずかしい。

不倫も長く続けば、熟年カップルの付き合い方は若いころとは変わっていくだろう。

夫婦同様に不倫カップルにも〝倦怠期〟はある。それを受けとめて次のステージに上がって愛し合う術《すべ》を見つけることができたら、この恋も終わらない。

誰かが、うまいことを言っていた。「歳をとると、セからソにずれる」と。

熟年カップルはセックスを卒業し、添（ソ）い寝にすることに変わるという意味だ。

しかし、秀美のように「ス」のスキンシップこそ大事だと言いたい。作家の渡辺淳一氏がプラチナ世代に送る『熟年革命』という本で、男女の愛に大切なのは、スキンシップであり、互いをほめることであり、見つめ合うことだと説いていた。

あるリゾートホテルのプールで、シドニーから来たという老人と知り合った。ショーン・コネリーを二倍にふくらませたような容貌だったが、ひと泳ぎするとプールサイドで本を読んでいる奥様とおぼしき連れの女性にキスをして、見つめあって仲睦まじく話し込んでいる。そのうち、反対側のプールサイドにいる私たち日本人女性の輪に入ってきた。奥様がいるのに、日本のギャルをナンパしにきたかと思いきや、「僕の奥さん素敵でしょ」と自慢をしはじめた。そして「こうやって、こっちから眺めているのが、また幸せなんだなあ」とのろけていた。確かに奥さんは、若い時はグレース・ケリー並の美人だったであろう面影はあったが、皺とシミと、たるみも気にしない容貌だった。

何歳になってもお互いを誇らしく愛し合えるカップルはつくづく素敵だ。その関係が正式な夫婦であろうが、事実婚であろうが、いろいろな事情を抱えつつの恋愛中であろうがなんでもいい。そう思ってサ行の「サシスセソ」を改めて思い浮かべると、愛の言葉をササヤくの「サ」、幸（シアワ）せを追求するの「シ」とともに、セの上にあるサシスを忘れてはならないと思った。

その恋は人生の糧になりましたか？

かつて不倫の恋をした相手と、再会は望ましいことだろうか？

誰でも、かつて付き合った恋人をネット上で検索したことはあるだろう。もし、既婚者だった彼が〝シングル〟になっていたら？　などという期待を交えた好奇心も否定できない。相変わらず、ネット上では〝良き夫〟〝良き父〟をアピールしている元彼の姿を見ると、心がざわつく。

「別れてから三年も経つけれど、つい最近、初めて彼の奥さんの写真を見てしまった。イメージと全然違ったわ。見ない方がよかったなあと思いながら、くまなく見ている自分が怖くなった。彼の家庭の事情を今さらながら知ってしまってストーカーみたい」

といった話題が女たちの酒の肴になるのだ。

しかし、これはあくまで、ウェブ上にとどめて、妄想を膨らましているだけのお話。実際に行動に移さないところが、大人の理性だと思う。

そして、不倫の恋の経験者としばしば話題になるのが、ＳＮＳにおける「繋がりの申請」だ。

「不倫の元彼から申請がきたけど、スルーしてる」「ちゃんとメッセージを送ってきて紳士的なら、こちらも大人の対応をして、承認する」「いやいや、即ブロックですよ」など、相手に対してどういう思いでいるかで違ってくる。

しかし、実際の再会に期待を抱くのは感心しない。不倫という状況が変わらないのならまた同じことを繰り返すだけだ。

さんざん悩んで幕を降ろしたときの気持ちを思い出して、思いとどまるのが賢明なのだ。もちろん、別れたころから年月が経ち、もっと大人になったから、スマートに付き合えるのではと思うこともあるだろう。

私もそれを体験したことがある。別れてから五年ほど経って、かつての不倫相手から電話があった。仕事で異動になって地方の支社に勤めていたが、東京に出張になったので、久々に会いたいといってきた。喧嘩別れしたわけではなかったし、彼と別れてからも、いくつかの恋をして、ずっとタフになっているという自信があったので、「誘ってくれてありがとう」とニコニコ笑いながらデートに出かけていった。

食事をしながら近況を訊くと、彼の娘は嫁にいって、息子は海外の大学に留学したという。今は奥さんと二人で暮らしているが、地方の街が気に入って、定年後はそこに定住しようかと思ってるという話を聞くと、「私にとってはずいぶん遠い人になってしまったなあ」と、感じた。

食事をごちそうになって帰るつもりだったが、もう一軒と飲みに付き合ったのが、昔ふたりでよく行ったショットバーだった。急に時間が巻き戻され、隣にいる彼の肌の温度を思い出して、酒場をあとにした私達は、彼の泊るホテルで一夜を過ごした。

ずいぶん時間が経っているのに、ためらうことなく、当たり前のように濃密な関係にすぐ戻ってしまうことができる自分に驚いてしまったが、そういう自分の性《さが》を確認しただけで、何も前向きな物語ははじまらなかった。

「次も、また会おうか?」などという話はなく、「会えてよかった。楽しかった」とだけ言って帰ってきた。

古傷をえぐるようなことはせず、一夜のアバンチュールで終わらせた〝大人の再会〟としては良い形だったと思うが、思い出をひとつ増やしただけだった。それはとてつもなく虚しいもので、あとから猛烈な嫌悪感が襲ってきた。

二十代のときに、失恋したかつての演劇青年とも、この広い東京の下で、偶然、何回か再会したことがある。駅の雑踏の中で、繁華街の往来の中で、劇場のロビーで——そしてつい最近は、出張に行くときに、同じ飛行機に乗り合わせた。

こうも偶然が続くと、私たちには何か切れない縁があるのかと思ってしまう。

預けていた荷物が出てくる間、私たちは昔を懐かしみ、少し会話をした。

「たまにだけど、偶然会うね」

と私が言うと、彼はこう言った。

「前に駅のエスカレーターですれ違ったね」

ずいぶん前の出来事だったが、彼もよく覚えていてくれたのが嬉しかった。

「あれだけ、近くで会えたのに言葉も交わせなかったから」

こういうことを言われると、遠い昔の恋人の言葉でも胸にささる。

「偶然、会うこともあるけど、今度またいつ会うかわからないから」と言って、彼は名刺をくれた。私も名刺を渡した。

出張中に連絡があったらどうしようか、という淡い期待もあったが、結局、何もなかった。互いに連絡しようと思えば、メールを送ることもできる。SNSで検索してみたら、繋がることも可能だった。

けれども、何もなかった。堂々とした社交辞令に、彼が長い人生の中で備え持った理性と教養を感じ、淡い期待を抱いた私は気恥ずかしくなった。

彼にはもう演劇青年だったころの面影はなく、老舗の主人の顔になっていた。私も、元気のいいおばちゃん体型になっていて、やれやれと思った。

この偶然の再会に意味があるとしたら、神様が「現実を知れ！」と私を戒めたかったのかもしれない。

しかし、人生で体験した恋は、どんな形であれ、すべて栄養だと思っている。

苦い経験を受け容れたとき、それが、新しい人生に勢いをつけてくれるバネになった。大きな失恋ほど、次につき進むエネルギーになった。そして、人生の「まさか」という坂を何度も転げ落ちたことで、少々のことでは心が折れないほどタフになった。辛くて情けなくてやるせない思い、やり場のない怒り、抑えきれない嫉妬心、断ち切れない未練と向きあうことで、気がついたらずいぶん優しい人間になっていた。

そんな自分を作ってくれた、過去の恋人に、もう恨みごとは言わない。

ありがとうと、言いたい。

そして、願わくば、彼らには、私の思い出の中で永遠の二枚目でいてほしい。恋がはじまったときの、心を焦がしたあのときめきをそのままに――。

もし、「その恋は人生の糧になりましたか？」と訊かれたら、私は「イエス」と答える。

そして、過去の恋人たちも、私の顔を思い浮かべて「イエス」と言ってくれたら、私は幸せに思う。

あとがき

テレビや週刊誌を不倫騒動が賑わすたびに、似たりよったりの内容で、このごろちょっと〝おなかいっぱい〟気味になっていた。

長い人類の歴史の中で幾度となく繰り返され、文学や演劇や映画の題材にも描かれ、スキャンダルから一歩抜き出て、大人の恋として語り継がれたドラマチックな恋もあるのに、それらが世間で語られることもなく、不倫の恋はやましくも後ろめたいものとして、非難を浴び、斬り捨てられて終わりである。

そんな折に『不倫の作法』を著してみませんかと、牧野出版の佐久間憲一氏からお話をいただいた。多くは胸に秘めたままの過去話だが、恋愛関連の書籍にも長けた編集プロデューサーの原田英子氏の協力を得て、現代の日本で不倫の恋に真摯に向き合う女性達の気持ちにも寄り添いながら、本書を上梓することができた。この場を借りて両氏にお礼をいいたい。

この本を手に取って読まれたあなたと、同じ気持ちを分かち合えることができたとしたらこの上なくうれしいし、不倫の恋に生きるということが、どういうことなのかわかっていただけたら大変ありがたい
不倫の恋とは、本来実にシンプルな恋だ。

複雑になってしまうとしたら、覚悟や潔さがなく、自分勝手な保身を優先して、ひとを傷つけてしまうからだ。それはまやかしの愛であり、大人の恋ではない。

しかし、どんな結果に終わろうとも、人生の糧になることを見出すことができたら、そこに救いがある。

とはいえ、不倫の恋の真っただ中に身を置くと、気持ちは不安定になり、心も折れる。愛がこじれて、再び泥沼に陥ってしまったら、もう一度、この本を最初から読みなおし、気持ちをシンプルに整えていただけたらと思う。

いまだにずっと独身でいる私も、この先、また新たな恋をすることもあると思う。それがもし、再びの不倫の恋であっても、愛する価値が見出せればひるまず挑んでいくだろう。年齢や置かれている立ち場に関係なく〝純愛〟といえる誇らしい恋をもう一度求めてみた

いと、この本を書き終えて、切に願った。

二〇一七年十二月

さらだたまこ

装幀　神長文夫＋坂入由美子
編集プロデュース　原田英子

さらだたまこ

東京生まれ。慶應大学経済学部卒業。大学在学中に、NHK でラジオパーソナリティーデビュー、ニッポン放送に脚本が採用され作家デビューを果たす。

卒業後は、放送作家としてテレビ・ラジオの番組企画・構成、パーソナリティーとして活動するかたわら、女性のライフスタイルや食文化をテーマとした書籍を多数著す。

1994 年から、社団法人日本放送作家協会理事を務め、2014 年に理事長に就任。

2015 年春に開講した作家養成スクール「市川森一・藤本義一記念東京作家大学」の学長として、新人作家の育成にも力を注いでいる。

主な著書に『パラサイトシングル』（WAVE 出版)、『父と娘のパラサイト・シングル』（三浦朱門氏との共著：ＫＫベスト新書)、『プロポーズはまだいらない』『ウエディング・ベルの鳴るまえに』『ブルゴーニュの小さな町で』（3 作共に大和書房)、『とびきり愉快なワインの話』（学陽書房)、『車いす生活に夢を与える仕事人』（教育評論社）など。

不倫《ふりん》の作法《さほう》

2017 年 12 月 24 日　初版発行

著　者　さらだたまこ
発行人　佐久間憲一
発行所　株式会社牧野出版
〒 135 － 0053
東京都江東区辰巳 1-4-11　ST ビル辰巳別館 5F
電話 03-6457-0801
ファックス（注文）03-3272-5188
http://www.makinopb.com
印刷・製本　中央精版印刷株式会社

内容に関するお問い合わせ、ご感想は下記のアドレスにお送りください。
dokusha@makinopb.com
乱丁・落丁本は、ご面倒ですが小社宛にお送りください。
送料小社負担でお取り替えいたします。

ISBN978-4-89500-219-6

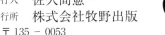